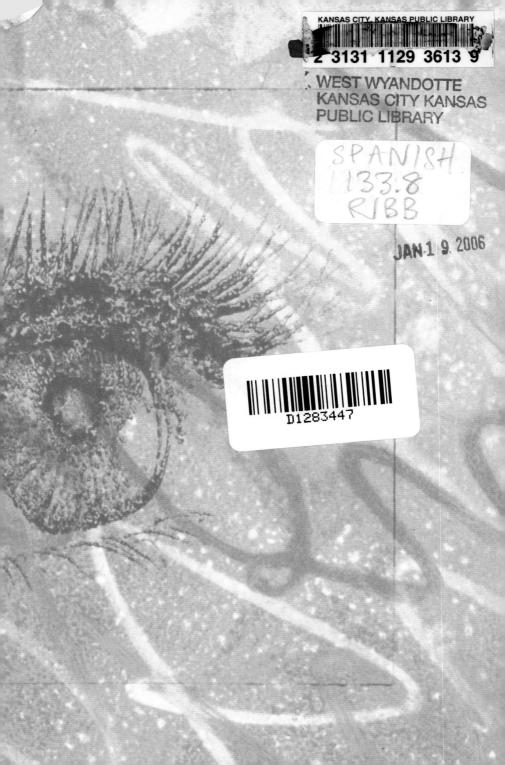

EXPERIENCIAS PARANORMALES

EXPERIENCIAS PARANORMALES

ANTHONY RIBB

ISBN: 84-9764-428-X
Depósito legal: M-25094-2005

Colección: Enigmas de las ciencias ocultas
Título: Experiencias paranormales
Autor: Anthony Ribb
Diseño de cubierta: Juan Manuel Domínguez
Impreso en: Artes Gráficas Cofás

El objeto de la psicología paranormal (o parapsicología) es la comprensión de ciertas conductas de carácter cognitivo en la que la información no comprende los canales sensitivos y motores. Estas conductas anómalas parecen operar fuera de los mecanismos del espacio, el tiempo y la masa. En otras palabras, la parapsicología estudia estas conductas anómalas que se relacionan con la transferencia de información entre el medio ambiente y los seres vivos, y los seres vivos entre sí. Por tanto, la creatividad experimental constituye el mejor y más dinámico instrumento que puede facilitar una exquisita combinación de métodos y técnicas para lo parapsíquico y, de esta manera, realizar un trabajo sobre ciertos fenómenos cuya realidad, tal vez no su interpretación, resulta hoy indiscutible.

La psicología paranormal, por tanto, de acuerdo a su actual grado de desarrollo y la evolución de su cuerpo metodológico, requiere, básicamente, de científicos formados en disciplinas epistemológicas. Por ello, los parapsicólogos deben consolidarse en agrupaciones o en asociaciones para proteger el campo de sujetos incompetentes y extraviados, quienes timan con la credulidad ajena, a quienes aparecen en los medios de comunicación y a quienes abusan de su contenido. Además, es importante contar con un foro crítico y constructivo para proteger, precisamente, el verdadero objeto de estudio de esta materia.

INTRODUCCIÓN

La psicología paranormal representa una vasta gama de interesantes fenómenos que están siendo motivo de estudio por un igualmente vasto número de investigadores que crece con el avance general de las ciencias sociales. Incluso recientemente, una gran cantidad de publicaciones se ha interesado en los posibles aspectos aplicados de la percepción extrasensorial. Hoy día, la ocupación actual de la investigación paranormal está dirigida hacia una mayor objetividad que permita educir tales «habilidades» psíquicas. Estas evidencias de la actividad experimental y la investigación de casos espontáneos, proporcionarán información más precisa de las condiciones a través de las cuales lo extrasensorial actúa más eficientemente. Pueden observarse ejemplos de ello en la evolución científica de esta disciplina desde sus comienzos hasta la actualidad. Por ejemplo, de qué forma esta evolución involucra, directa o indirectamente, las ideas científicas y culturales dominantes en cada época. Sin embargo, actualmente, aquello que hoy denominamos psicología paranormal, cae en un reduccionismo del cual sólo un conjunto de manifestaciones de lo llamado «paranormal» señala aspectos vinculados con la fenomenología psicológica.

He aquí un lugar de prestigio para la parapsicología. Contrariamente, algunos investigadores presentan a la parapsicología como una ciencia independiente, si bien cabe aclarar que la independencia científica es diferente a la ciencia autónoma.

Señalaremos un ejemplo histórico: durante más de cuarenta años, el estudio de las interrelaciones entre lo paranormal y la conducta psicológica de los sujetos en una situación experimental, concentró la atención de los investigadores con el objeto de hallar relaciones estables y repetibles experimentalmente. La mayoría de los resultados fueron positivos, aunque no definitivamente aceptables «académicamente». Esta sutil relación psicología-parapsicología presenta a la psicología paranormal como una disciplina considerada aún una rama de la psicología experimental, particularmente por dos objetos: el histórico, pues surge en la década de los años 30 dentro del área de la psicología experimental (Rhine), y el experimental, con el objeto de hallar el estado de conciencia apropiado que favorezca a la ESP.

Entonces, ¿puede ser considerada la psicología paranormal una fragmentación del conjunto fenomenológico de la psicología? Sí, en cuanto a su campo experimental; no, en cuanto a su evolución histórica. Como ciencia autónoma, la parapsicología se enfrenta a problemas de diversa índole, los cuales han sido tratados en numerosas publicaciones especializadas. Pero como en la mayoría de las ciencias de la conducta con especialización clínica (por ejemplo, psicoanálisis, psiquiatría, etc.), la parapsicología no está técnicamente capacitada para aportar instrumentos de diagnosis o terapéutica, que superen a los actualmente empleados. Por supuesto, la parapsicología es interesante para diversos campos, como el análisis cuantitativo de los fenómenos espontáneos, la técnica de semiprivación sensorial Ganzfeld, o la investigación teórica y metodológica. Todos son aspectos que parecen como disociados del conjunto fenomenológico, con direcciones que parecen diluir a la parapsicología. Sin embargo, son éstos los elementos que en la actualidad conducen a la parapsicología a integrarla en el contexto científico.

Pero, ¿qué es lo que hace a una ciencia, en definitiva, ciencia? Existen múltiples factores. En las ciencias exactas, por ejemplo, los métodos matemáticos y lógicos no sufren alteraciones ni cambio alguno. Son inmutables. En cambio, en las ciencias sociales o humanísticas los métodos empleados son variables y mutables, exigiendo en cada caso «modelos de interpretación» que se ajusten al fenómeno estudiado. La psicología paranormal está más cercana a este modelo de interpretación, lo cual no la exime de que sus postulados puedan ser rechazados a aceptados por el conjunto de la comunidad científica. Normalmente, cuando se refiere a evolución, implica cómo la ciencia sirve a la sociedad que la mantiene.

Ninguna investigación científica en ningún país se sostiene si no existen claros y específicos motivos. Recientemente, se ha planteado la «economía de las ciencias», una observación más integrativa que disociativa de las ciencias, y que aporta un mejor nivel de divulgación popular de las ciencias, motivo por el cual ha ganado aceptación en algunos y ha sido observado con serias dudas por otros. En parapsicología esto plantea sus dudas y ha generado diversas discusiones. Cuando el resultado obtenido no coincide con la hipótesis del trabajo, el científico queda desconcertado y su trabajo se malogra. En consecuencia, su medio lo rechaza y el investigador en parapsicología no tiene otro camino que abandonar el curso de sus estudios o investigaciones.

Todas las ciencias sociales sufren cambios y se observa esto en la evolución general de la parapsicología. Para muchos investigadores iberoamericanos en parapsicología, sus libros y las bibliotecas constituyen el único medio por el cual se puede estudiar parapsicología. Éste es un concepto mecanicista que supone una comunicación entre científico-libro-científico.

La ciencia varía según la concepción de quien la estudia: para un mecanicista la ciencia está en los libros, para los tecnólogos la ciencia está en la técnica, para un deontólogo la ciencia está en la ética, para un filósofo la ciencia está en la lógica y el razonamiento, y para un político la ciencia está en el resultado práctico. En parapsicología no podemos usar el mismo concepto. Existen parapsicólogos de lectura y de laboratorio. Ambos son válidos y útiles, pero las responsabilidades sociales son distintas. En otras ciencias, los objetivos son los descubrimientos y sus aplicaciones, aunque no son trascendentes en el marco de una evolución general (por ejemplo, un descubrimiento en una rama de la medicina influye muy poco sobre otras ramas de la ciencia, o a la medicina en sí misma).

La psicología paranormal carece de ramificaciones y por tanto todo hallazgo, por pequeño que sea, no está alejado del interés de la comunidad parapsicológica. Es necesario, en este sentido, distinguir entre la divulgación y la enseñanza.

Para algunos lectores, que creen que comprando revistas científicas se sabe de ciencia, el tema se complica y sobre todo se confunde. Incluso las publicaciones especializadas hicieron pruebas sobre sus lectores (los científicos), inventaron experimentos o reportaron anomalías en lugares geográficos concretos. Resultado: muchos lectores escribieron a la redacción cuestionando la realidad de estos hechos.

Fraude o fracaso

Otro grave problema es el fraude. En parapsicología esto es lamentablemente común, aunque **se confunde frecuentemente fraude con fracaso**.

En otras ciencias, el problema del fraude es grave, pero se soluciona cuando otro científico aporta nuevos datos que demuestran lo equivocado del anterior. Por eso se suelen someter los nuevos descubrimientos a numerosos análisis por parte de otros laboratorios, hasta que todos coinciden en su validez o falsedad. No obstante, ello no nos debe llevar a considerar cualquier hecho científico actual como verdadero y útil, pues la mayoría no resisten el paso del tiempo y pronto caen en el olvido o la burla.

Con frecuencia, los condicionamientos sociales están influidos por el prestigio que presente el autor del informe y es más fácil admitir las nuevas conclusiones de un doctor en biología premiado con el Nobel, que aquel presentado por un estudiante de último curso. Algo similar ocurre en la política editorial de muchas publicaciones parapsicológicas, quienes presentan a sus lectores los experimentos exitosos, de modo que si se cotejan los exitosos con los no exitosos, las tendencias variarían de forma significativa. En definitiva, la divulgación, la responsabilidad social, la ética, la formación y la cultura científica son parte del servicio que puede prestar el científico a la parapsicología, la cual podrá evolucionar, fundamentalmente, con la actividad experimental y la formación de investigadores abiertos a las posibilidades de la mente.

¿Cómo es posible, entonces, que los científicos no se percaten de la auténtica revolución que causa la significación obtenida en el siglo XX, en el área de las ciencias de la conducta y en todas las escuelas psicológicas? La razón se encuentra, probablemente, en la dificultad que aún existe en reconocer a la parapsicología en el contexto académico. ¿La causa? Nuevamente el prestigio social que conlleva la experimentación en una u otra rama del saber humano. **Ningún político y ningún científico se atrevería a manifestar públicamente su interés por la parapsicología**, por muy seria y sensata que sea su decisión. Ello solamente le supondría repulsa, críticas y burlas. Las ciencias que investigan lo paranormal no «venden», no generan admiración y ni siquiera proporcionan dinero a sus investigadores. Hay que ser, por tanto, muy creyente para luchar por mantener el interés en este campo y tener una enorme personalidad y valor.

Sin embargo, esa inquietud por lo paranormal, por lo inexplicado o lo confuso, debería atrapar la atención del hombre de ciencia, quien tendría que estar ávido de nuevas teorías o señales de que aún no está todo inventado y explicado. Pero lo que vemos es que el científico actual no es nada más que un mecánico que revuelve una y otra vez en lo conocido, y que generalmente rechaza todo aquello que pueda resultarle hostil e incomprensible. Aseguran algunos que, para que no se produzca ese encuentro «doloroso» entre lo no comprensible y lo comprensible, debe existir un grado de formación profesional, en el que el análisis científico se encuentre menos afectado por las ideas de otros. No hay que admitir condicionantes para los nuevos descubrimientos, ni siquiera en el campo de la parapsicología.

Demostrar lo indemostrable

El agnóstico afirma que negar algo no implica que no sea posible, pero insiste en que sólo la demostración permite tener una idea clara de la existencia de un fenómeno. Y este concepto forma parte de un «clásico» de la ciencia y en ello se basan quienes niegan «hechos» tan imposibles de demostrar como la existencia de Dios o la vida en el más allá. Por supuesto, nadie puede hacer formulaciones decisivas respecto a la parapsicología partiendo de semejante premisa, del mismo modo que resulta imposible afirmar y demostrar al mismo tiempo que:

«El amor es un fenómeno por el cual se liga al ser amado con el amante.» El agnóstico puede contestar: «Demuéstrelo.» Pero no hay forma de repetirlo experimentalmente, aunque la persona sienta que algo dentro y fuera de su cuerpo está unido a quien ama. El lazo es intenso, brutal, en ocasiones doloroso, y aunque todos los seres humanos, en mayor o menor grado, experimentamos ese sentimiento llamado amor, no hay manera de someterlo a un análisis de laboratorio para probarlo. Con este ejemplo, no es difícil entender las razones por las cuales los científicos no manifiestan ningún interés en los fenómenos paranormales. Pero **una cosa es no tener interés en validarlos y otra distinta es despreciarlos al no estar dentro de sus normas férreas de comprobación**.

La desunión

Divide y vencerás, crea la discordia entre tus enemigos, no permitas que el opositor manifieste libremente sus conclusiones. Éstas son algunas de las normas que rigen las dictaduras, no solamente las militares y políticas, sino, con mayor frecuencia, las del mundo científico. Analicen la situación de las medicinas alternativas con relación a las convencionales y comprenderán **cómo se puede anular al opositor simplemente con la ley en la mano**, una ley creada por ellos mismos. Mayor inquisición imposible.

Es lógico entonces que este aislamiento forzado ocasione que los investigadores en parapsicología se encuentren algo desorientados respecto a la actual experimentación del fenómeno psi. Por un lado, descubren que los modelos con los cuales se han formado no entran dentro de los actuales paradigmas de la ciencia. Esto es lógico, pues es difícil predecir un comportamiento parapsicológico, es decir, averiguar de qué forma o bajo qué variables opera el fenómeno psi para intentar reproducirlo. A pesar de ello, la crisis de la parapsicología no es más que un disfraz de su mutación hacia formas más comprensibles de observación de la realidad psicológica. Lo paranormal o lo inexplicado por medios científicos o materiales no está en declive, pues solamente espera un momento más propicio para salir a la luz y alcanzar la **categoría de creencia**, más que de ciencia. Es importante que toda persona, académica o no, que haya tenido alguna experiencia paranormal, como estas que voy a describir en mi libro, las divulgue sin miedo. Ya sabemos que los medios de comunicación rinden pleitesía y honores a los científicos, pero siempre encontrará alguien inteligente a su lado que le escuchará y le hará sentirse orgulloso de sentir y observar cosas que están vetadas para la mayoría.

¿Puede la psicología paranormal ser la «Gran Esperanza» para el ser humano? ¿Conseguiremos algún día explicar la angustia, el temor, la felicidad o la creencia en otras formas de vida? Estas respuestas posiblemente siempre serán incompletas, tan imperfectas como lo es el propio ser humano, pero ello no implica que no deban tener el grado de respetabilidad que goza cualquier otra disciplina. En resumen: **no es usted, creyente en la parapsicología, quien debe sentirse avergonzado por creer en ella, sino los científicos por su negativismo para admitir que existen millones de personas que sienten y presienten lo que ellos**

nunca conseguirán teniendo un tubo de ensayo delante de sus narices, tan cerca que no ven más allá.

Las facultades y fenómenos extrasensoriales

Los investigadores en parapsicología hacen estudios basados fundamentalmente en tres tipos de fenómenos de ESP, tales como la telepatía, la clarividencia y la precognición. La telepatía, la clarividencia y la precognición son sólo tres hipótesis que explican las modalidades de la ESP. Por ejemplo: la telepatía es una forma de comunicación entre dos personas, mientras que la clarividencia es el conocimiento de un hecho o una situación distante, sin agente «transmisor». Sin embargo, cuando hacemos cualquier experimento basado en este criterio, ¿cuál sería la diferencia entre la telepatía y la clarividencia?

Cuando J. B. Rhine comenzó a hacer estos primeros estudios para observar una telepatía «pura» y una clarividencia «pura», no pudo lograr una diferencia operativa entre ambas, porque quien hacía ejercicios de ESP no podía (y no es posible aún hoy) diferenciar si es el agente quien emite la información (sujeto activo) o es el receptor quien recibe la información (sujeto pasivo), ya que el sujeto receptor puede ir en busca de la información. ¿Quién sería, entonces, el sujeto activo en una actividad ESP? En cambio la precognición, el conocimiento cierto de un hecho futuro, estaría «violando» el principio de causa y efecto, por cuanto se conoce el efecto antes de la causa.

Además, los investigadores de los años 30, y aun hoy con sofisticados equipos, han tratado de elaborar este planteo de la ESP, y para ello utilizaron una metodología estadística para valorar los resultados significativos y no significativos de un experimento.

El estudio de los médiums «psíquicos» a finales del siglo XIX, como el caso de la señora Piper, dio pie a la investigación de la percepción extrasensorial

Comenzaba a desarrollarse la parapsicología científica

En principio, los primeros estudios que fueron llevados a cabo en los años 80 y 90 del siglo XIX, analizaron el caso de los «psíquicos» o médiums en las agrupaciones espiritistas, y comenzaron a observar que estas facultades pueden manifestarse en tres aspectos básicos:

- El primero, supone que la ESP es innata (nace con el sujeto), y el individuo tiene la posibilidad de controlar su ESP. De hecho, algunos han hecho una profesión de esta habilidad: los sensitivos o psíquicos, que son una minoría.
- Por otro lado, un segundo aspecto de esta facultad es que es innata pero incontrolada, es decir, a lo largo de la vida un individuo tiene con frecuencia ESP que no puede controlar voluntariamente. Sin embargo, cuando obtiene información acerca de lo que es la parapsicología (lee un libro, asiste a un curso) y de lo que son sus propias facultades ESP, no les teme, y logra tomar conciencia de lo que ello significa, Si las consigue alejar de cuestiones supersticiosas, puede, de alguna manera, desarrollarlas y canalizarlas.

Conozco el caso del psíquico inglés Matthew Manning, que durante su adolescencia era el epicentro de la actividad psicoquinética espontánea (*poltergeist*), y cuando un grupo de psicólogos y un parapsicólogo lo enfocaron terapéuticamente, resultó uno de los pocos casos «clínicos» tomados con absoluta rigurosidad.

Hallaron que este joven podía «canalizar» su PQ durante la sanación paranormal.

• Otro tercer aspecto de las facultades extrasensoriales es que se manifiestan incluso en sujetos no psíquicos que tienen regularmente una impresión ESP, como en la mayoría de los seres humanos.

Estos tres aspectos configuran una división muy virtual sobre las posibilidades humanas de lograr manifestaciones extrasensoriales.

Cuando los investigadores se dieron cuenta de ello (independientemente de la investigación de campo, es decir, aquella investigación que se realiza donde ocurren los fenómenos) comenzaron a estudiar estas manifestaciones con rigurosos métodos de control, evitando que los sujetos tuvieran una comunicación sensorial, o subliminal, o cometieran fraude.

De hecho, cuando se elaboraron los tests de ESP, observaron una serie de efectos psicológicos asociados con los fenómenos parapsicológicos. Un ejemplo: en el pasado, los psicólogos experimentales cometieron un grave error. Pretendían separar para investigar (típica ciencia victoriana del siglo XIX), por ejemplo, la atención independientemente de la memoria y todos los fenómenos psicológicos independientemente unos de los otros. Esto es falso. Todos los fenómenos psicológicos están intervinculados entre sí.

¿Y cómo hicieron para observar la ESP asociada con los demás fenómenos psicológicos, ya que es difícil o **absolutamente imposible separar la imaginación de la concentración**, los afectos de las emociones? Entonces, los parapsicólogos diseñaron tests para estudiar si las conductas extrasensoriales tenían relación con los fenómenos psicológicos que tienen todos los seres humanos.

Gertrude Schmeidler investigó si los resultados se acoplaban a las creencias de los sujetos sobre las facultades psíquicas

En los años 40, una psicóloga americana, la doctora Gertrude Schmeidler, efectuó un test muy simple. Entregó en una escuela para adultos un cuestionario donde se preguntaba:
1. ¿Cree usted en la percepción extrasensorial?
2. ¿Cree usted en la posibilidad de percibir hechos futuros?
3. ¿Cree usted en la posibilidad de que la mente puede influir sobre la materia?

Resultados

El participante del test debía responder sí o no. De esta manera, inmediatamente después que los participantes respondieron el cuestionario, realizaron un test de ESP. Schmeidler observó un primer hecho significativo, pues aquellos que no creían en la ESP tenían resultados negativos, o significativamente negativos, respecto de aquellos que creían en la ESP, los cuales obtenían resultados significativamente positivos. Este descubrimiento llevó a Schmeidler a la conclusión de que quienes creen en lo paranormal obtienen resultados más significativos que aquellos sujetos escépticos. A ambos efectos los denominó como «efecto cabra» (aquellos que no creen en la ESP y obtienen resultados negativos) y «efecto oveja» (aquellos que creen en la ESP, y obtienen resultados positivos).

Otras pruebas descubrieron que el operador del test también influía en la conducta ESP. Por ejemplo: se experimentó si niños en edad escolar, con su propia maestra operando el test de ESP, obtenían resultados significativos respecto a otra maestra ajena al curso, con quienes los niños no tenían confianza y con quienes obtenían resultados negativos a favor de la ESP. Esto es lo que los parapsicólogos denominaron «efecto del experimentador», es decir, el operador del test influye negativamente o positivamente sobre quienes experimenta. Esto también es observado en las teorías de la física cuántica.

También estudiaron si la tensión o la relajación psicofísica disminuía o incrementaba los niveles extrasensoriales, o si las drogas (psicotrópicas en especial) mejoraban los resultados, tal como el psicoanalista italiano Emilio Servadio en la década de los 60 dijo haber encontrado.

Otro experimento, efectuado en los años 40, fue conocido como un experimento de privación sensorial, y en ello fueron pioneros los americanos, seguidos por los alemanes. Este experimento estaba basado en introducir a una persona desnuda dentro de un tanque, en cuya superficie se concentraba agua altamente salinizada, y el individuo permanecía totalmente aislado del exterior. Una explicación más fantástica de este experimento lo pudimos ver en la película *Viaje alucinante al fondo de la mente*, aunque ahora lo podemos experimentar sin problemas con las cámaras de aislamiento sensorial.

Los parapsicólogos de entonces hicieron un razonamiento inteligente, aunque erróneo, pues pensaron que si los fenómenos extrasensoriales se manifestaban a nivel inconsciente, éstos podrían revelarse igualmente cuando la persona se encontrara aislada, bloqueada, de estímulos externos.

Cuando el experimento se realizó, los parapsicólogos no obtuvieron ningún resultado, porque observaron que el sujeto privado sensorialmente generaba estímulos ficticios, y de esta manera creaba percepciones no reales, es decir, alucinaciones. Finalmente, observaron que las experiencias no se manifestaban cuando el sujeto era privado sensorialmente.

Ullman y Krippner estudiaron la percepción extrasensorial durante el sueño

En la década de los 60, los doctores Montague Ullman y Stanley Krippner efectuaron estudios basados en los sueños. Observaron que cuando el sujeto llega a una fase denominada REM (Rapid Eye Movement) o Movimiento Rápido de los Ojos, el sujeto está «viendo» su propio sueño. Inclusive sus ojos se mueven o parpadean, como si la persona observara la escena de su sueño. Si nosotros despertamos a la persona durante la fase REM, el sujeto nos relatará la escena onírica.

Durante el experimento, un tercer sujeto participante de la situación experimental seleccionaba al azar un sobre conteniendo una fotografía, e intentaba «transmitirla» telepáticamente. En ese momento, el sujeto era despertado, relataba el contenido del sueño, y comparaban la fotografía con ese relato. Los parapsicólogos hallaron que había coincidencias muy significativas entre lo que el sujeto soñaba (imágenes, símbolos e incluso elementos psicoanalíticos), con respecto a la fotografía que el agente había «emitido». Este experimento, que luego se perfeccionó con los llamados experimentos Ganzfeld, donde el sujeto (con dos medias pelotitas de ping-pong sobre sus ojos) a través de un ruido determinado, siendo consciente que participaba en un experimento, también demostró, con resultados aún más significativos, que la ESP puede optimizarse.

Actualmente, algunas investigaciones están dirigidas a investigar la psicoquinesis (PQ), es decir, ejercer una influencia sin contacto físico. Realizaron experimentos sobre objetivos vivos y no vivos. Los objetivos vivos eran aquellos objetivos en los que los sujetos deben influir sobre plantas, o células humanas, u organismos unicelulares. La investigación de Enrique Novillo Paulí, que se realizó en la Universidad del Salvador en Buenos Aires hacia la década de los 70, es un buen ejemplo. Él colocó varias bandejas con semillas de centeno, mientras un grupo de sujetos, de diferentes edades y sexos, podían influir sobre el crecimiento de las semillas, con la misma agua y el mismo grupo de semillas, es decir sosteniendo las mismas variables. Observó que las semillas influidas tenían un crecimiento superior que aquellas semillas que no habían sido sometidas a la acción de la actividad PQ.

Los experimentos que son llevados a cabo en la Universidad de Princeton dan cuenta del grado de sofisticación de estos estudios de PQ. Por ejemplo, uno de estos procedimientos es la utilización de un emisor de luz láser que impacta sobre una pantalla especialmente diseñada y altamente sensible, que a su vez está conectada a una computadora. Pronto hallaron que hay una significativa coincidencia (nosotros llamamos a esta coincidencia anómala «psi») entre la voluntad del sujeto que intenta mentalmente desviar el rayo láser, con respecto a la desviación registrada en la computadora.

Por supuesto, este tipo de estudios son altamente sofisticados y requieren una metodología muy rigurosa. La parapsicología experimental es un campo fascinante de estudio, siendo sorprendente admirar la vastísima investigación en laboratorios de Estados Unidos y Europa, donde se están llevando a cabo experiencias insospechadas sobre los verdaderos alcances y mecanismos de la mente. Inclusive, ha habido una experiencia reciente, donde cristianos devotos tratan de influir, sin saberlo, sobre grupos de enfermos cardiacos en un hospital neoyorquino, advirtiendo que la oración es uno de los más poderosos mecanismos de actividad PQ que existe en la «sanación paranormal».

Por tanto, para sintetizar, básicamente el problema, si es que podemos llamarlo problema, en realidad, es la incógnita de la parapsicología, y para la ciencia, una incógnita es, en definitiva, un problema. Los parapsicólogos tienen que intentar un grado de respetabilidad para sus manifestaciones ESP, cuidando mucho sus métodos para una aplicación práctica de estas aptitudes.

DICCIONARIO ESENCIAL

Usted tendrá que conocer superficialmente estos conceptos si quiere comprender mejor todos los fenómenos paranormales que se analizan y cuentan en este libro.

Abducción

Un número creciente de personas han sido raptadas, dicen, por seres extraterrestres. Frecuentemente, todos nos relatan que esos *aliens* usan objetos volantes no identificados (OVNI-UFO) y sus confusos recuerdos de estos raptos incluyen ciertos experimentos, inseminación y operaciones quirúrgicas. Las personas que frecuentemente son raptadas informan que esos raptos se han efectuado repetidas veces durante varios años, y algunos de los abducidos aseguran que han salido de esas naves con injertos tecnológicos indetectables para nuestros primitivos rayos X y escáner.

Alucinación

Experimentar sensaciones o visiones de objetos o personas que deseamos ver. Se utiliza bastante para recordar la imagen de un ser querido lejano o fallecido, pero no hay que olvidar que lo único que hacemos es transformar los recuerdos en imágenes, nunca en seres materiales. Frecuentemente es considerada como una ilusión, algo sugerido por la imaginación o causado por el engaño de los sentidos. Sea cierto o no, la persona es capaz de percibirlo en su cuerpo y mente como si fuera real, material, lo que implica ya una sensación auténtica.

Anabiosis

Interrupción momentánea de las funciones vitales, dando apariencia de muerte. La presencia de otros compañeros se hace necesaria para salir del trance en el momento adecuado, el cual no deberá ser superior a los tres minutos.

Apariciones

Esto es, lograr que la entidad con la cual hablamos se materialice ante nuestros ojos. Deberá tener una gran confianza en nosotros para que logremos verle en alguna ocasión.

Área 51

Un avión militar norteamericano cayó cerca de Rachel, Nevada. Este lugar es propiedad de las Fuerzas Aéreas y se la conoce como Área 51 y como «Groom Lake», debido al Groom Dry Lake Bed. El espacio aéreo alrededor de ella es conocido como «Dreamland».

Se dice que el Área 51 es un centro de actividad de OVNIs y algunos especulan que es allí donde el gobierno de los Estados Unidos pone a prueba las naves extraterrestres capturadas o caídas. Se prohíben las visitas en ese lugar, pero hay quien asegura que se puede ver cierta actividad de

OVNIs en algunos lugares de la Carretera 375. En particular, el lugar en que existe un marcador de la milla LN 29.5, denominado como «buzón negro» (ahora blanco), es el sitio preferido para los turistas. Aunque usted pueda o no ver OVNIs en el lugar, siempre tiene una estupenda oportunidad de observar el área desde una avioneta particular.

Atlántida: el continente perdido

El escritor griego Platón describió el continente perdido de Atlántida en sus trabajos *Timaeus* y *Critias*. Platón mencionó a la Atlántida brevemente en *Timaeus*, pero con sumo detalle en *Critias*, describiéndola como un verdadero paraíso. Según sus escritos, Atlanteans estaba mecánicamente y hortícolamente muy avanzada, mucho más que cualquier otra cultura circundante. Sin embargo, esa misma cultura acabó abruptamente cuando el continente se hundió bajo el océano, posiblemente a causa de una acción volcánica.

Hoy, las personas continúan estando fascinadas por la Atlántida y, aunque sigue siendo un misterio para mucha gente, su presencia sigue vigente en el fondo del océano, enterrada ya bajo toneladas de lodo marino. Muchos expertos creen que la Atlántida realmente era la isla de Minoan de Thera. Thera estaba en el mar de Aegean, muy cerca de la Grecia de Platón. La cultura de Minoan estaba muy avanzada, y por eso se piensa que era realmente la Atlántida. Thera fue destruida por una explosión volcánica y provocó con ello el fallecimiento de la avanzada cultura de Minoan. Aunque posiblemente Thera no fuera la Atlántida, los elementos que la componían pueden haber influido en la historia de Platón.

Otras especulaciones nos dicen que posiblemente las islas Azores, en el océano Atlántico, sean las cimas de las montañas del continente hundido.

Edgar Cayce predijo que la Atlántida sería encontrada a finales de los años 1960 y casualmente en 1968-69 se descubrieron ciertas estructuras subacuáticas misteriosas en el mar caribeño. En 1980 el escritor Charles Berlitz dio un nuevo interés con sus libros sobre el asunto del continente hundido.

Algunos creen que ese continente es una fortaleza extraterrestre oculta en el fondo del mar.

Bilocación

Pedirle al espíritu que nos permita duplicarnos en otro lugar de la habitación. Según ciertas creencias, hallarse alguien en dos lugares distintos a la vez.

Bodmin Moor, la Bestia de

A principios de los años 80 un gran gato negro fue visto en el área de Cornualles, Inglaterra, siendo conocido como la Bestia de Bodmin Moor o el Gato de Exmoor. La descripción del animal frecuentemente sugiere que se trataba de un puma real o un puma cruzado con una gata. Desde 1976 el Acta de los Animales Salvajes y Peligrosos de Inglaterra prohíbe tener en propiedad animales domésticos peligrosos, como un puma. Debido a esto, si un puma así se escapase, su dueño no podría informar a la policía, pues sería sancionado y si el animal causara daño quizá fuera a la cárcel. El Aullador de Ozark de los Estados Unidos puede ser un fenómeno similar.

Bruja

Se trata de una mujer que emplea encantamientos, pociones, rituales o invocaciones para poder realizar hechos o manejar las mentes.

Otras herramientas comunes en la brujería son los altares, calderos, hierbas u otros elementos extraídos de animales muertos o vivos. Se dice que los altares son un espacio del funcionamiento personal y que suponen una parte significativa para la bruja. Se usan los calderos típicamente para mezclar o fundir ingredientes, y la sal, hierbas y otros elementos son empleados para cada hechizo individual.

Obtener la hierba correcta es crucial para el éxito de la magia. También son de suma importancia los encantamientos, o lo que se dice. Algunos encantamientos se pasan de bruja a bruja y otros pueden ser creados por una bruja para una necesidad especial.

Quizá el ingrediente más importante del hechizo es la propia bruja y algunos piensan que todo lo demás es pura fachada. Algunas brujas sienten que «el hechizo es una oración al dios o diosa».

Algunos hechizos pueden requerir un cierto número de individuos, quizá más de uno, y ésta es la razón para formar grupos o *covens*, aunque también lo hacen para compartir conocimientos, apoyo y compañerismo.

Las brujas guardan sus hechizos en un libro llamado «El Libro de las Sombras» o Grimoire.

Buffy

Sitúese en el pueblo de Sunnydale, California, el mismo lugar en el cual está situada la acción en la película del mismo nombre. En ella Buffy es escogida desde su nacimiento para ser una asesina de vampiros y la leyenda dice que era una reencarnación de otro legendario asesino nacido en la época medieval.

El concepto de un «watcher» (observador) o guía para el asesino ha sido el constituyente de una leyenda en la cual nos hablan de un asesino llamado Giles, un miembro del Consejo Watcher que vivía en Inglaterra. Esta agrupación organizaba y asignaba los asesinatos en ciertos lugares, y cuando un asesino u observador se moría, el consejo enviaba un nuevo asesino o Watcher.

Ésta es la procedencia de Buffy, una experta en matar vampiros con una estaca de madera clavada en su corazón. La estaca podía ser de cualquier madera, trozos de mobiliario o ramas de árbol, sin olvidar una cruz cristiana. La mayoría de estos métodos de destrucción casi parecen diseñados por expertos anteriores, aunque también existen sistemas inventados por los escritores de novelas tenebrosas. En realidad todo esto está arraigado en leyendas europeas muy antiguas, especialmente procedentes de Transilvania. De hecho, el nombre de Buffy Summers puede ser un tributo al vampiro investigador Summers de Montague descrito en «El Vampiro: amigos y parientes», publicado en 1928, y su continuación «El Vampiro en Europa», que se publicó en 1929.

Crisíaco

Persona que entra en crisis a causa de la influencia magnética del espíritu. Los motivos son múltiples y no conviene que una misma persona esté demasiado tiempo bajo la influencia física de una entidad.

Drácula

En el siglo XV un siniestro personaje llamado Vlad Tsepech Drácula, príncipe de la rumana Valaquia, decide pasar a la historia como el primer vampiro humano de prestigio. Descendiente de la estirpe «Draco», los dragones de la guerra, traducción latina de «Drácula», este victorioso señor no tuvo piedad con sus enemigos y en venganza porque los turcos le hicieron prisionero cuando era joven y se vio en la obligación de comer ratas para sobrevivir, cuando consiguió la victoria llegó a empalar hasta 100.000 prisioneros, a los cuales situó delante de su castillo. Además, para que su obra no fuera olvidada jamás, organizó banquetes multitudinarios delante de su macabra exposición.

Cuando murió, sus enemigos le cortaron la cabeza y le enterraron allí en dos tumbas para evitar que volviera del otro mundo para vengarse. De poco les sirvió, ya que unos años después sus tumbas aparecieron abiertas y sin restos del tirano. Desde entonces, el vampiro sale todas las noches por tierras de Rumania y sacia su sed de sangre con mujeres y niños indefensos.

Como autor de *Drácula*, Bram Stoker es el rey de la literatura del vampiro, después de haber creado el vampiro más popular de todos los tiempos. Nacido en Dublín, Stoker era conocido como el compañero de Henry Irving, con quien realizó el famoso Teatro del Lyceum en Londres, desde 1878 a 1905. Sus otras novelas incluyen *El misterio del Mar*, *La guarida del Gusano Blanco* y *La Joya de las Siete Estrellas*.

Hoy, su nombre es sinónimo de Drácula y la recreación de Stoker de este héroe de culto ha demostrado ser una cornucopia interminable para los cineastas, escritores y dramaturgos. Se considera ahora que *Drácula* es uno de los clásicos de todos los tiempos en la literatura de terror.

Curiosamente, la historia de amor del vampiro de Stoker, *La Señora de la Mortaja* (1909), ha sido ignorada totalmente. Él la escribió probablemente para ser un libro compañero de *Drácula* (1897) y disponemos de una colección de cartas, notas y páginas periodísticas, aunque desgraciadamente casi todas las ediciones disponibles se han cambiado y resumido demasiado, lo que reduce la efectividad del libro.

El Invitado de Drácula era originalmente una parte de *Drácula*, pero estaba cortado de la novela por exigencias de los editores. La esposa de Stoker lo publicó dos años después de su muerte como parte de una colección de historias cortas tituladas *El Invitado de Drácula y Otras Historias Raras* (1914).

Endofasia

Comunicación telepática del espíritu con una persona. La voz se oye en el interior del cuerpo.

Expedientes X

Se trata de un programa de televisión de la Fox que gira alrededor de dos agentes del FBI que investigan actividades paranormales. Su éxito mundial ocasionó la divulgación de los archivos X y su reproducción al público en algunas otras series y documentales de cine y televisión, aunque ninguna consiguió el éxito de ésta. David Duchovny interpreta al agente especial William Fox Mulder. Mulder es un creyente en estos asuntos y un experto en muchos fenómenos paranormales. Gillian Anderson es la compañera de Mulder, la agente especial Dana Katherine Scully. Scully es bastante escéptica en estos temas paranormales por su condición de doctora en medicina.

Experimento Filadelfia

El 28 de octubre de 1943 el navío de la armada de los Estados Unidos *Eldridge* fue localizado en el Triángulo de las Bermudas. En ese momento es cuando comienza el famoso Experimento Filadelfia. ¿Estaba el *Eldridge* en el Triángulo de las Bermudas o en Filadelfia ese mismo día, o estaba en ambos lugares?

Se dice que la Armada de los Estados Unidos probó un método para el «camuflaje electrónico» de una gran nave durante la Segunda Guerra Mundial. El experimento era nombrado en código como «El Proyecto Arco iris», y puede haber estado bajo la dirección científica de Albert Einstein. El 28 de octubre de 1943, el destructor *Eldridge* entró en una espesa niebla verde y se hizo invisible, existiendo escritos que alegan que fue teletransportado instantáneamente a 300 millas de Norfolk, Virginia, retornando nuevamente a Filadelfia. Otras versiones de la historia dicen que en realidad el buque *Eldridge* realizó el viaje mientras era invisible.

Aunque el experimento parecía ir bien al principio, muchos miembros de la tripulación murieron o se volvieron locos después del experimento e incluso hubo algunos que entraron en combustión humana espontánea. Otros continuaron teniendo casos periódicos de invisibilidad, tal como vimos en la película del mismo título, pero el *Eldridge*, sin embargo, permaneció ileso y estuvo en servicio hasta los años 80 cuando fue entregado a la Armada griega.

La historia no se hizo pública hasta 1956, cuando el investigador UFO Morris Jessup contó la historia. Jessup se suicidó en 1959, o al menos ésa fue la versión oficial que nos proporcionaron.

La Armada de los Estados Unidos ha dicho que el Experimento Filadelfia nunca ocurrió y mantiene que el *Eldridge* ni siquiera estaba en el puerto de Filadelfia el 28 de octubre de 1943. Ellos insisten que el *Eldridge* estuvo en el puerto de Nueva York desde el 18 de octubre al 1 de noviembre de 1943. La Armada admite que el *Eldridge* estuvo en el Triángulo de las Bermudas «entrenando» del 15 de septiembre al 18 de octubre de 1943.

He aquí algunas interrogantes sin respuesta:

¿Estaba el Experimento Filadelfia en la mente de Jessup?

¿Empezó la propia Armada de los Estados Unidos a divulgar el rumor para intimidar a los alemanes y japoneses durante la Segunda Guerra Mundial?

¿Si la Armada camufló un destructor con éxito, cómo el experimento consiguió la teletransportación tan rápidamente? Una nave invisible real no hubiera necesitado semejante invento, pues le bastaría con ser indetectable al radar.

¿Agregó la Armada la teletransportación a la historia solamente para eliminar el interés por su experimento de invisibilidad?

¿Por qué vendió la Armada de los Estados Unidos semejante nave secreta a la Armada griega?

¿Era la nave que los griegos recibieron realmente el original *Eldridge*?

¿Era el *Eldridge* que se vio en el puerto de Filadelfia realmente el mismo en octubre de 1943?

¿Se pintó otra nave con la insignia del *Eldridge*?

¿Qué tiene que ver el Triángulo de las Bermudas en todo esto?

La respuesta clave:

¿No es cierto que los Estados Unidos disponen ya de un avión invisible?

Fantasmas

Se trata del espíritu desencarnado de un ser muerto, normalmente un humano. Se dice a menudo que un fantasma es un espíritu que no llega al cielo porque tiene algún «negocio inacabado» en la Tierra. A veces se trata de un espíritu que tuvo una muerte súbita o violenta.

Hay varios tipos diferentes de fantasmas: los que ocasionan Poltergeists y que son burlones y a veces destructivos, mientras que un doppelganger (otro yo) es la imagen fantasmal de una persona viviente.

Godo o gótico

Cosas que se relacionan con la Edad Media o medieval. Usado más a menudo para relatos oscuros, suelen ser del agrado de cualquier ideología, especialmente por aquellas que les agrada la cultura gótica. Hay baile o música en sus rituales y celebraciones y, como un godo escribió recientemente: «Aunque yo estoy de acuerdo en que para muchos godos la ropa tiene mucha importancia, para aquellos de nosotros que llevamos muchos años aficionados a esa cultura, ser un godo quiere decir tener una visión muy superior de la muerte y la oscuridad. Nosotros empezamos a tener un contacto con la filosofía Zen como experiencia, lo que denominamos como el espíritu gótico. Normalmente se está de acuerdo en que no es imprescindible vestir totalmente de negro con trajes especiales, pues ser godo es de hecho un marco interior de la mente, una manera diferente de ver y sentirse.»

Halloween

Halloween, o víspera de Todos los Santos, empezó como la fiesta céltica Samhain el 31 de octubre. Los druidas vieron la fiesta como el fin del año y el principio del próximo. Era el tiempo en que se pensaba mucho en los espíritus y esto ocasionó un tiempo propicio para hacer fortuna. Cuando la cristiandad se extendió hasta lograr que las personas perdieran el interés por la fiesta céltica, se transformó en la Víspera de Todos los Santos, también conocida como Víspera de la Santificación. Aun así, la larga tradición ha conseguido perpetuar la fiesta en los Estados Unidos gracias a los inmigrantes célticos de Irlanda y Escocia.

En Irlanda se realiza una decoración con nabos. Se ahuecan, se realiza una talla simulando una cara y se enciende una vela dentro. Cuando los descendientes celtas vinieron a los Estados Unidos continuaron con las mismas decoraciones, pero ahora usan calabazas en lugar de nabos.

Samhain no es una noche para Satanás, aunque fue adoptada como un ritual satánico según la opinión de Anton LaVey. Tampoco es un acto de conmemoración a Dios, pues no existe ningún ser divino llamado Samhain en Irlanda. Lo más aproximado para justificar la creencia de que se trata de una ceremonia en honor a un dios es que Samhain quiere decir «Veranos que acaban» y posiblemente se hiciera para conmemorar el fin de la vendimia o la cosecha de alimentos. Para los celtas la Naturaleza era el dios supremo y por ello consideraban que la vida acababa y renacía con las estaciones.

Es importante señalar que el calendario céltico no es igual al nuestro, como tampoco lo es el calendario judío para el Sabát. Por eso el Samhain no empezaba hasta la puesta del sol de ese día, coincidiendo con el Nuevo Año Céltico. Dios está herido en Lughnasadh y «se muere» en Samhain, desde donde pasa al «Hampa» para descansar. En este momento Dios deja que la diosa (vieja arrugada) gobierne y esto explicaría la imagen de brujas viejas revolviendo el caldero, utensilio que es un símbolo de la reencarnación. Por eso Samhain tiene una imagen de duelo, la muerte con la promesa de la reencarnación.

Samhain era, por tanto, varias cosas, la mayoría mal entendidas. Era una fiesta de cosecha, una de las tres que se efectuaban a lo largo del año. La primera era Lughnasadh (cosecha de granos), la segunda Mabon (cosecha de frutas y verduras) y la tercera Samhain (cosecha de carne), en donde parece ser que se sacrificaba a un animal.

El invierno en la Europa céltica era muy crudo y la mayoría de las personas debían matar a sus animales más viejos para evitar que tuvieran que seguir empleando el grano para alimentarles. De este modo conseguían tener comida durante el invierno y guardar el cereal para la primavera y verano, así como para alimentar al resto del ganado que les proporcionaría leche y carne.

Samhain es también una buena noche para la adivinación; esto es porque el velo entre el mundo de los vivos y los muertos está en su momento más delgado. Esto permite realizar y recibir «mensajes» de los que fallecieron en esta noche.

Lago Ness, El monstruo del

Se dice que en diferentes lagos del mundo habitan criaturas raras o «monstruos», la mayoría con dos aspectos básicos. La primera forma básica es como una anguila enorme o serpiente. La segunda es como un plesiosaurio, un reptil gigantesco perteneciente al período geológico secundario y del que hoy se hallan solamente restos en estado fósil. Se supone que tenía la figura de un enorme lagarto marino, que medía hasta nueve metros de longitud y que era de cuello muy largo, cabeza pequeña, patas aptas para nadar y cuerpo robusto. También hay quien lo relaciona con una ballena archaeoceti con un cuello largo, un cuerpo más gordo y alguna clase de patas o aletas. Ambos pueden ser peces muy grandes, animales marinos que dejaron las aguas del mar, sobrevivientes prehistóricos, cocodrilos muy grandes, aunque para los científicos son solamente bromas para atraer a los turistas.

El más famoso de éstos es el monstruo del lago Ness, «Nessie», en Escocia. Otros monstruos de lago incluyen a Altamaha-Ha en Georgia, Mordisque en Vermont, Cressie en Newfoundland, Nahuelito en Argentina, Ogopogo en la Columbia británica, y Storsjoodjuret o Storsjödjuret en Suecia. El Mokele-Mbembe en el Congo, África, es el único que es descrito como un dinosaurio viviente.

Los lagos que aseguran albergar monstruos son típicamente grandes, profundos y a menudo oscuros. Suelen estar conectados con el mar o haberlo estado en épocas antiguas, pues de otro modo no se puede justificar la presencia de un animal tan grande. Es sumamente raro para una criatura del lago tener cualquier contacto con un humano, por lo que los ataques a personas o animales por parte de los monstruos del lago son casi desconocidos. El campo de la zoología que trata sobre criaturas desconocidas, formas extrañas y tamaño es la criptozoología.

El lago Ness mide aproximadamente 24 millas de largo, tiene unos 800 pies de profundidad y está conectado al mar del Norte por el canal de Caledonian. El agua es muy oscura debido a la alta concentración de turba, lo que permite la presencia de un número sorprendente de peces. Alguno de ellos podría crecer desmesuradamente gracias a la abundancia de alimentos y la carencia de predadores.

El monstruo normalmente se describe como un ser de cuello largo, con un cuerpo más ancho y aproximadamente de 40 metros de largo. Esta descripción puede hacer pensar en un plesiosaurio prehistórico o una ballena archaeoceti, aunque también puede ser una criatura que llegó procedente del mar del Norte por el canal de Caledonian.

Nessie parece proceder del siglo VI, cuando fue visto por primera vez, aunque los avistamientos más recientes empezaron en 1933. En este año el matrimonio MacKay vio «un animal de enormes proporciones nadando y zambulléndose en las aguas». También en 1933 los señores Spicer informaron haber visto una «aborrecible» criatura fuera del agua que se parecía a un «caracol monstruoso» y un «animal prehistórico». Muchos de los avistamientos han ocurrido en las aguas profundas de la bahía Urquart, en cuya orilla occidental está enclavado el castillo Urquart del siglo XIII.

En total, se considera que más de 3.000 personas han informado haber visto al monstruo desde 1933, incluso policías, científicos y residentes locales. Hay muchas fotografías y una película de la criatura que pueden o no ser bromas. La fotografía más famosa se tomó en 1934 por el cirujano londinense Robert Kenneth Wilson. El doctor Wilson, sin embargo, dijo en su lecho de muerte que la fotografía era una imitación.

Recientemente, en 1972 y 1975, el doctor Robert H. Rines, de la Academia de Ciencias Aplicadas en Boston, consiguió fotografías del mundo acuático profundo del lago bastante convincentes. Rines usó un equipo de sonar para rastrear el movimiento subacuático y las imágenes fotografiadas pudieran referirse a un animal con patas de cuerpo muy largo. Cuando retornó al lago en los años 90, sus intentos por conseguir alguna nueva fotografía del monstruo fueron infructuosos.

A pesar de toda la vigilancia que ahora se dispone en el lago Ness, ningún video ha conseguido aportar una prueba

100 por 100 fiable, aunque tampoco se han podido localizar restos de ninguna criatura similar.

Levitación

Alzamiento parcial de una persona sin que exista causa material visible. Solamente seres privilegiados logran levitar en presencia de otras personas, ya que en soledad es más fácil hacerlo.

También se define como acción y efecto de levitar. Sensación de mantenerse en el aire sin ningún punto de apoyo. Parecen dos definiciones iguales, pero la segunda es considerada como una enfermedad mental, mientras que la primera es un acto físico.

Magia

En inglés, la magia se deletrea a menudo como *magick* para diferenciarla de la magia efectuada por magos del espectáculo. Los poderes de la magia están frecuentemente asociados con la brujería o el vudú.

Pueden lanzarse hechizos contra el diablo, sobre un objeto inanimado, una fuerza de la naturaleza u otra persona. Se dice que es más fácil lanzar un hechizo sobre uno mismo que sobre otro, lo mismo que se asegura que el lanzamiento del hechizo hacia otro termina afectando también al echador. A veces se dice que un hechizo afecta al echador tres veces más que al otro, y cuando se trata de un hechizo más poderoso puede afectar hasta nueve veces más. Los expertos advierten a los novicios que deben tener cuidado con esa magia fuerte.

Las herramientas usadas en brujería para los hechizos son velas, incienso, pentagramas y agua. Estas herramientas representan la tierra, aire, metal y agua. El pentagrama representa la tierra y normalmente se hacen hechizos en una estera o tela con un pentagrama en ella.

La llama de la vela representa el fuego, aunque el color de la vela es más importante que la propia llama en la mayoría de los hechizos. Las velas negras y blancas son las que normalmente se emplean en la magia.

El incienso representa el aire y ese olor puede ser tan importante como el hechizo específico. El agua representa al agua y debe estar en un cáliz especial u otro recipiente si así está especificado por el hechizo.

A veces se usan hechizos para ayudar con «magia blanca», lo mismo que hechizos para herir con «magia negra». Librarse de una enfermedad propia o de otra persona podría ser considerado como magia blanca, mientras que infligir una enfermedad en alguien podría ser considerado como magia negra.

La mayoría de los hechizos no son para herir o ayudar a otros. Los hechizos lanzados sobre objetos inanimados, fuerzas de naturaleza o plantas, normalmente no son magia, aunque algunos prefieren denominarla como magia gris.

Algunas personas insisten en que la magia no tiene color e insisten en que la magia es energía y sólo una herramienta, por lo que no puede ser buena ni mala, negra o blanca.

Megalito

Una de las piedras más grandes sin labrar usada principalmente por culturas antiguas como alguna clase de monumento, aunque se desconoce su uso exacto. Las posiciones de las piedras tienen típicamente una gran importancia astronómica, como marcar el ocaso del verano y el solsticio del invierno. Hay más de 1.000 megalitos en Gran Bretaña que datan del año 1500 a.C. Stonehenge es el megalito más conocido. Hay varios megalitos en los Estados Unidos, entre ellos «el Stonehenge de América» o Colina del Misterio en New Hampshire, y el Gungywamp en Connecticut.

Men In Black

Se denominan como Hombres de Negro o MIBs, por ser hombres misteriosos que normalmente llevan trajes y gafas negras desde 1950. Frecuentemente les vemos viajando en enormes y tenebrosos coches negros de cristales tintados. La gente considera que hablan de una manera rara o secreta y aunque casi siempre hacen alguna clase de amenaza, raramente, o nunca, la llevan a cabo ellos mismos.

Se dice que los MIB aparecen ante una persona cuando habla sobre un rapto o acontecimiento extraño. Por eso se les liga con la presencia de ovnis y hay quien está seguro de que en realidad son extraterrestres que viven con nosotros. También es posible que sea alguna clase de agencia gubernamental misteriosa, conjetura que es apoyada por la película de 1997 *Hombres de Negro*.

Murciélago

Frecuentemente confundido con los vampiros, se trata de un mamífero quiróptero, posiblemente el único que puede volar y que suele salir de noche para cazar. Dispone de un adecuado sistema de sonar que emite ultrasonidos y que le evita chocar contra los obstáculos. Se alimenta solamente de insectos, no ataca al hombre y se aletarga durante el invierno.

Oui-ja

Una Tabla Oui-ja se usa para predecir el futuro y comunicarse con los espíritus. Se trata de un tablero de aproximadamente 12 por 16 pulgadas, en el cual están impresos un alfabeto, los números del 1 a 10, y las palabras «sí» y «no». Se hace una pregunta a la tabla y entonces se debería mover un indicador que hemos puesto encima de la tabla para deletrear una respuesta. Para ello hay que poner la yema del dedo índice ligeramente apoyada en el indicador y no ejercer ningún tipo de fuerza para lograr la respuesta. Se supone entonces que el indicador está controlado por espíritus, no por las personas que tocan el indicador o planchette.

A veces las personas acostumbran a emplear la tabla en una sesión de espiritismo para comunicarse con el muerto. Esto puede ser muy común cuando una persona tiene problemas irresolutos con un difunto al que hizo daño en vida y quiere hacer reparaciones.

La Oui-ja, para muchos, solamente es un sencillo y atractivo juego de sociedad, mediante el cual los participantes pueden manifestar deseos ocultos e inclinaciones sin necesidad de que los otros compañeros sepan quién realiza la consulta. En este sentido, una sesión de «espiritismo» puede ser tan gratificante y entretenida como una partida de póquer.

El problema puede surgir cuando de verdad deseamos comunicarnos con las entidades o algún familiar fallecido y lo hacemos sin el asesoramiento de una persona experta. En estos casos las consecuencias pueden ser imprevisibles, no tanto por lo que nos «cuenten» a través de la tabla, sino porque podemos contactar con espíritus que no sean adecuados. Con bastante probabilidad, estas entidades permanecerán a nuestro alrededor, bien porque no sepan cómo irse de nuevo o porque les resulte atractivo nuestro entorno. Que se comporten luego amigablemente, burlonamente o agresivamente, dependerá de cómo les hayamos convocado y, especialmente, de quién se trate.

A veces las tablas Oui-ja son asociadas erróneamente con la brujería. Los hermanos Parker (poseídos por Hasbro) probablemente sean actualmente los mayores fabricantes de tablas Oui-ja, aunque para jugar se puede empezar con una tabla fabricada por uno mismo y una copa como indicador.

Pneumatografía

Escritura directa del espíritu sin ayuda del médium. Para que esto ocurra hay que dejar un objeto perteneciente a un difunto en un lugar solitario y poner una hoja de papel en blanco. El espíritu escribirá su testimonio.

Psicofonía

Transmisión de la voz del espíritu a través de una persona.

Salem, Massachusetts

Es un pueblo en la costa atlántica de Massachusetts, notablemente popular por los ensayos de brujería que ocurrieron allí en 1692. Durante estas ceremonias murieron veinticuatro personas, diecinueve ahorcadas. La mayoría probablemente no estaban ni siquiera en esos lugares, pero los ciudadanos cayeron en la histeria colectiva.

Mucho se ha escrito sobre estos ensayos, incluso la obra clásica de Arthur Miller *El Crisol* y la novela clásica de Nathaniel Hawthorne *The House of the Seven Gables*. Hoy Salem es una Meca para los turistas y allí existen varios museos, incluso El Museo de las Brujas de Salem y El Museo del Calabozo de las Brujas. El Peabody Essex Museo aloja más de 500 documentos originales y muchos adornos macabros de los ensayos. También se puede visitar la casa del magistrado John Corwin, ahora conocida como «la casa de la bruja», así como el Cementerio de Punto Viejo, o contratar a uno de los muchos guías existentes. Finalmente, el pueblo de Salem recomienda su visita, si usted quiere aprender todo sobre la brujería, organizando congresos y actividades sobre magia negra y blanca durante los días que rodean a la Víspera de Todos los Santos.

Satanás o Satán

Se trata del ángel díscolo e instigador del mal en el cielo, hasta el punto en que tuvo que ser expulsado de allí, estableciéndose ya por los siglos de los siglos en el infierno. Ahora ya sabemos que Satán es un ser maligno, tentador, mentiroso y la causa de todos nuestros males, lo que nos deja poco margen para asumir nuestros propios errores y responsabilidades.

Se dice que tiene poderes extraordinarios y que ni siquiera Dios le puede vencer; que su morada se encuentra en la atmósfera interior, en el seno de la tierra, sin que sepamos la causa por la cual no eligió vivir en un planeta o nube.

Sematología

Golpes, movimientos, o señales de naturaleza diversa utilizadas por el espíritu para dejar constancia de su presencia.

Telepatía

Fenómeno psíquico que consiste en la coincidencia de pensamientos o sensaciones entre personas, generalmente distantes entre sí, sin el concurso de los sentidos, y que induce a pensar en la existencia de una comunicación entre los cerebros de índole desconocida. También se denomina así a la transmisión de contenidos psíquicos entre personas, sin contacto con agentes físicos conocidos.

Telequinesia

En parapsicología, se refiere al desplazamiento de objetos sin causa física observable, por lo general en presencia de un médium, aunque frecuentemente quien realiza el fenómeno no es una entidad oculta sino una persona física.

Triángulo de las Bermudas o el Triángulo del Diablo

Una área formada por un triángulo al norte del océano Atlántico, donde se mencionan numerosos eventos raros. Los acontecimientos extraños consisten principalmente en la desaparición de aviones, barcos y personas. Las tres esquinas del triángulo comprenden: (1) las Bermudas, (2) Miami, Florida, y (3) San Juan, Puerto Rico. Otras descripciones del Triángulo lo delimitan aún más, y llega entonces hasta las islas Azores, en medio del océano Atlántico. El Triángulo de las Bermudas también es conocido como el Triángulo del Diablo.

El primero en informar sobre acontecimientos extraños fue Cristóbal Colón. En su travesía marina de 1492, Colón informó sobre lecturas extrañas del compás en el Triángulo de las Bermudas, un poco antes de que tanto él como su tripulación vieran una luz misteriosa y una «llama de fuego» en el cielo.

Uno de los acontecimientos más extraños fue el relatado por el capitán del barco *Marie Celeste*. El 5 de noviembre de 1872 partió del puerto de Nueva York con una carga de alcohol industrial. A bordo estaban el capitán Benjamín Spooner Briggs, su esposa, su hija de dos años y ocho miembros de la tripulación. El 5 de diciembre de 1872, la nave *Dei Gratia* encontró a la *Marie Celeste* a la deriva en el océano Atlántico. El capitán, su familia y la tripulación habían desaparecido, lo mismo que el bote salvavidas. La carga, los suministros y las pertenencias personales estaban aún en el barco. La investigación demostró que el buque había sido abandonado rápidamente, pero que no hubo tiempo de sacar los víveres suficientes para una larga travesía. Por qué fue abandonado sigue siendo uno de los grandes misterios náuticos, pues la familia nunca apareció.

Posiblemente el misterio más famoso del Triángulo de las Bermudas es el «Vuelo 19». El 5 de diciembre de 1945, cinco buques torpederos de la Armada de los Estados Unidos se perdieron en el Triángulo. En su busca salieron cinco personas de Ft. Lauderdale, Florida, en un vuelo dirigido por el lugarteniente Charles Taylor. A los pocos minutos falló el radar del avión de Taylor que intentó, no obstante, volver con métodos más sencillos. Las últimas palabras que se escucharon en la base sobre el Vuelo 19 fueron: «Todo está equivocado, el océano no aparece.» ¿Se perdió simplemente ese vuelo 19 y nunca chocó en el Atlántico u ocurrió algo más misterioso?

Pocas horas después salió en su busca el capitán Martin en un hidroavión especializado en rastrear náufragos en alta mar, pero nunca volvió a su destino. Este Flyingboat se cree que pudo haber caído al mar a causa de una explosión del tanque de combustible. Algún miembro de la tripulación tuvo tiempo de informar que había ocurrido una explosión poco después del despegue, cuando estaban ya volando encima del océano. Como muchos otros misterios del Triángulo, ninguno de estos dos siniestros pudo ser clarificado nunca.

Algunas personas creen que el Triángulo de la Bermudas es un centro de actividad de ovnis y piensan que lo que realmente ocurre son raptos por extraterrestres. Otras personas, sin embargo, suponen que el Triángulo de las Bermudas contiene una concentración alta de vórtices (centro de un ciclón). Estos vórtices podrían ser entradas que transportan los aviones perdidos, los envían a otros tiempos y lugares. La naturaleza inestable y el temporal que alberga a estos torbellinos son muy fugaces y pueden desaparecer bruscamente del lugar y, por tanto, de las pantallas del radar.

Los escépticos señalan que el área del Triángulo de las Bermudas es bastante grande. Insisten que allí hay fuertes corrientes y aguas muy profundas, lo que hace difícil encontrar a algo o alguien naufragado.

Ovnis-Ofos (Objetos Volantes No identificados)

Se han visto objetos volantes no identificados en los cielos durante siglos. Éstos pueden ser naves espaciales de otros planetas o procedentes de otras dimensiones, pero con frecuencia pueden ser nubes lenticulares, globos meteorológicos, gases de pantano, el planeta Venus o aviones de pruebas.

Muchos individuos afirman haber sido raptados por extraterrestres y cuentan sus viajes en objetos volantes no identificados.

Los ovnis frecuentemente se mueven rápidamente, son luminosos, redondos o con forma de disco, y en ocasiones se han visto con formas triangulares.

Los estudiosos están seguros de que algunos ovnis se encuentran en el Área 51 en Nevada, especialmente uno que chocó en 1947 en Roswell, Nuevo Méjico. La actividad ovni está ligada a mutilaciones del ganado, luces, quemaduras extensas, círculos en las cosechas, o incluso a la presencia del yeti.

Aunque se conservan varias fotografías de estos objetos volantes, otras muchas son solamente bromas o deseos de lucrarse económicamente.

Vampiresa

Mujer que haciendo uso y abuso de sus encantos sexuales subyuga a los hombres y los convierte en objeto de sus caprichos.

Vampiro

Nombre de tres especies de mamíferos quirópteros de la subfamilia de los desmodontinos, que se encuentran en gran cantidad en zonas tropicales y subtropicales de América. Se alimentan de la sangre que chupan a sus presas, preferentemente mamíferos. Suelen atacar de noche a los caballos, cerdos, vacas e incluso al hombre, transmitiéndole numerosas enfermedades.

Por extensión, se denomina vampiro a aquella persona, viva o muerta, que se dedica a chupar la sangre de los mortales, convirtiéndoles desde ese momento en servidores suyos.

Vudú

Curiosamente la palabra vudú proviene de *voundoun*, que significa dios en la lengua Benin, aunque también pudiera ser una deformación del término *vodun*, que se refiere a todo lo fantasmal. El vudú insiste en la existencia de un mundo invisible a nuestro alrededor, tal como la película *Re-sonator* describió perfectamente, aunque explican que allí viven también seres como nosotros, en un universo paralelo, pero compuestos de materia espiritual. En esencia, nos hablan del mundo de los difuntos que pululan a nuestro alrededor sin que ellos ni nosotros podamos mezclarnos, aunque en determinadas circunstancias los espíritus pueden cruzar esa barrera para ejercer su influencia.

Aunque creemos que las ceremonias del vudú se efectúan siempre para hacer daño a alguien, la mayoría de las veces lo hacen para ponerse en contacto con las loas, habitantes de ese mundo paralelo, pues les necesitan para que les ayuden en sus problemas y para que actúen como intermediarios con el Creador. Una vez establecido el contacto durante una ceremonia, las loas emplearán diversos procedimientos para comunicarse con los humanos, especialmente durante el sueño, aunque en ocasiones también se aparecen durante las ceremonias. El problema es que también se les convoca para fines maléficos, como matar a alguien o provocarle desgracias.

Zombis

Ahora para la gente la palabra zombi se emplea más acertadamente, pues se dice de quien anda como dormido, aunque en Haití se sigue empleando para aquellos que se creen muertos vivientes y para los niños que mueren antes de ser bautizados. No obstante, el miedo a que los muertos salgan de sus tumbas vistiendo sus harapos y mortajas sigue presente y hay pocas personas que se atrevan a entrar solas de noche y con Luna llena en un cementerio. Solamente el alcohol y la compañía de otras personas les podrá infundir el valor necesario para hacerlo.

Especialmente peligroso es hacerlo durante el día de los difuntos o en Halloween, pues dicen que quien se encuentre con un zombi y le mire a los ojos se convertirá inmediatamente en otro muerto viviente. Aunque las películas muestran que un zombi se muere mediante el contundente corte de su cabeza, parece ser que la sal en sus ojos es más eficaz.

CUENTOS TRADICIONALES

Mientras nuestra comprensión y práctica de la religión y ciencia ha cambiado dramáticamente durante los siglos, la idea de que algunas almas permanecen en la tierra después de haber abandonado su cuerpo ha sobrevivido relativamente intacta. Antes de que las familias se establecieran alrededor de la televisión para mirar y escuchar historias fantásticas, se reunían alrededor del fuego, sólo para oír las mismas historias en boca de sus ancianos.

Estos cuentos recopilados por todo el planeta han soportado las ruinas del tiempo y los desprecios de la ciencia, y nos demuestran que los fenómenos paranormales no pertenecen a nuestra época.

África

Los egipcios antiguos creían que el espíritu dejaba el cuerpo cuando moríamos. Uno de estos fantasmas, de nombre Khu, era considerado responsable de las enfermedades y el infortunio de la familia de la persona difunta. Para controlarle se efectuaban rituales en los cuales las personas ofrecían presentes de carne para aplacar a Khu.

No demasiado lejos, en Asiria, la creencia en fantasmas era un asunto muy serio. Dentro de la gran categoría de espíritus malos, los más temibles eran los Utukku, diferentes tipos de fantasmas que carecían de algún miembro y que emitían sonidos y gemidos horribles que aterrorizaban a la comunidad. Se creía que estos fantasmas se manifestaban como resultado del fracaso para realizar adecuadamente un ritual de entierro cuando alguien fallecía.

Para evitar esto, una tribu en Nigeria incluía en sus propios entierros una súplica abierta al recientemente fallecido para que no volviera y aterrorizara a la tribu.

Asia/Arabia

La cultura china cree que cada persona tiene dos espíritus: un espíritu bueno conocido como Espinilla y uno malo conocido como Kuei. Si el cuerpo del muerto no consigue un entierro apropiado, el Kuei se queda. Como en la India y Egipto, el chino ofrecía pasteles a los fantasmas con la esperanza de que ellos no molestarían a la familia. Las ofrendas estaban en concurrencia con un ciclo del día en el que se creía que los fantasmas se manifestaban. A veces el oferente era testigo de esta materialización incompleta de un espíritu con forma humana.

Los Shojo son una clase de fantasmas japoneses que se cree frecuentan los mares. Los marineros tratan de mantenerles contentos y por ello realizan numerosas ofrendas. No tan amistoso para los japoneses es el Bozu umi, un fantasma del mar, enorme y negro.

En la India se creía que había cuatro tipos de fantasmas: el Bauta, el Paisachi, el Virika y el Mumiai. Este último frecuentaba la casta más baja, así como a las personas particularmente perezosas. Ver uno de estos fantasmas podría predecir la muerte inminente. Los hindúes han erigido urnas a lo largo de su país por dar regalos a estos fantasmas y a Rudra, su dios. Los hombres sabios también fueron llamados para dispersar a estos espíritus infelices.

Otro espíritu famoso es el Djinn, también conocido como el Jinnee o Genie, muy popular por las travesuras (a menudo efectuadas siguiendo órdenes de su amo). Estos espíritus nacen del fuego o son creados por un mago astuto.

Europa

El 30 de abril es la Noche de Walpurgis. Aunque se cree que su creador es St. Walpurga, una persona que dedicó una cruzada a luchar contra la magia negra, la Noche de Walpurgis es conocida por las ceremonias con brujas y gran actividad fantasmal.

Durante mucho tiempo hubo una ley en Islandia que ofrecía protección judicial contra los espíritus. Se permitía a las víctimas de la persecución fantasmal convocar a los espíritus sin caer en desgracia legal y hasta podían obtener ayuda de clérigos y juristas.

Otro asunto de fantasmas que se manifiesta debido en parte a la justicia es ese que nos habla de señoras que se murieron después de que sus amantes las abandonasen. Si ella se moría durante el parto, o debido a su vergüenza, la difunta frecuentaría a la familia del hombre responsable de su desgracia.

Los Spunkies son los fantasmas de los niños no bautizados. Algunos de estos fantasmas se reúnen a menudo, mientras que otros se convierten en polillas blancas para que puedan viajar entre los humanos inadvertidamente.

También hay otros muchos cuentos de fantasmas que se dedican a realizar los quehaceres domésticos en las casas que frecuentan, con tal de que la familia que vive les trate con respeto. En el folclore eslavo, este espíritu se llama Kikimora, aunque en Inglaterra es un Silkie, y en Rusia se llama Domovoy.

El folclore irlandés está lleno de cuentos de fantasmas de las personas que se han muerto violentamente. Estos fantasmas guardan el lugar donde ellos murieron como un castigo, en un esfuerzo para prevenir otra muerte igual. Estos y otros espíritus, personas sin cabezas, fantasmas con forma de animal, hacen de Irlanda uno de los lugares históricamente más frecuentados en el mundo. El amor irlandés por los buenos cuentos podría ser un factor que contribuya a esta actividad.

Un irlandés enterraría el cadáver de una persona cara abajo si sospecha que ha sido víctima de un vampiro. La teoría era que si el individuo se hubiera convertido en un vampiro, excavaría hacia abajo hasta llegar al infierno, en lugar de salir afuera de la tumba.

Los irlandeses no mencionarán nunca al diablo en una conversación normal, pues la sola mención de la palabra supone una invitación a que se manifieste. En cambio, suelen mencionarle como «él».

En Francia el término para definir a un fantasma es Mara, un espíritu malo del folclore. Se dice que los Maras descienden hasta los durmientes para darles sueños horribles.

Los romanos llamaban Lemures a los malos fantasmas. Estos espíritus atacaban e incomodaban a sus parientes vivientes. En mayo, los romanos daban una vuelta por su barrio golpeando tambores y poniendo fréjoles quemados en las tumbas para mantener a los Lemures lejos con el horrible olor.

Según nos comentan los romanos, sin embargo no todos los fantasmas eran malignos. Los dioses domésticos eran espíritus de personas poderosas, y se creía que afirmaban su presencia con efectos poltergeist, tirando objetos.

América

Los nativos del folclore americano tenían numerosos cuentos de fantasmas. El fantasma era un espíritu que podía tomar el cuerpo de una persona imperceptiblemente. Estos fantasmas se acreditaron de cuando en cuando con el levantamiento súbito o inexplicable de una persona.

Los fantasmas aborrecen el agua santa, lo mismo que el agua de un arroyo veloz que fluye al sur. La creencia mantenida a nivel mundial es que los fantasmas son incapaces de cruzar el agua corriente.

Hay cruces de carretera que son populares por los fantasmas. Algunas personas teorizan que las brujas practicaron magia en estas travesías, y otros dicen que es porque, hace siglos, allí fue ejecutado un asesino y los lugareños le enterraron en una travesía con una estaca atravesada en su corazón.

La plata es el metal favorito de los fantasmas y por ello se encuentran a menudo personas que tienen encuentros múltiples con espíritus por llevar joyas de plata.

Los niños nacidos entre las horas de medianoche y la una de la mañana se dice que poseen la habilidad de ver fantasmas. ¿Ha nacido usted entre esas horas de la medianoche y quiere ver un fantasma? Pruebe saliendo al campo y escoja algunas hierbas.

La sal es una defensa clásica contra los malos espíritus.

La seda es una protección excelente contra la visita de un fantasma. Lleve un echarpe de seda alrededor de su cabeza y no sentirá la presencia de un fantasma en ningún momento. Quítese el echarpe y comenzará a asustarse de todo.

Un árbol será tan frecuentado como cualquier casa. Algunos árboles frecuentados famosos son El Fantasma Chillón del Bosque de Mannheim y el Árbol de la Cereza Fatal. Puede parecer esto bastante tonto, pero ¿quién no ha estado en un bosque cuando comienza a anochecer y no ha sentido un poco de miedo?

Los teatros son notorios por la abundancia de fantasmas. Pregunte sobre ellos a los actores o actrices, y su respuesta más probable es que ellos crean que en cierto teatro, o en todos los teatros, existen. Choques, golpes, manos que ajustan cosas, luces y puertas, todo puede moverse inexplicablemente en un teatro. Relacione estas creencias con la maldición de Macbeth y la historia del Fantasma de la Ópera.

HISTORIAS PARANORMALES

El cementerio

' Mi nombre es Barry Cripps, vivo en una hacienda en Kentucky Green, donde durante los últimos años he visitado un cementerio olvidado, en las afueras de la ciudad. Está localizado cerca de la casa en la que sus ocupantes residieron anteriormente. Aunque la casa está medio destruida, ahora la están rehabilitando; el cementerio permanece tranquilo por su proximidad a un bosque.

El patio del cementerio consiste en un solo círculo de pared de piedra y contiene las tumbas de los dueños de la casa y varias otras tumbas fuera del círculo, conocidas por ser las tumbas de esclavos que una vez trabajaron en la casa y el área circundante. Hay mucha vegetación anormalmente crecida rodeada por altos árboles. Una de las tumbas tiene una piedra alta con el nombre de un hombre, su cumpleaños y fecha de fallecimiento tallados en ella. Dice que el hombre murió en 1865, pero la cosa más asombrosa sobre eso es que está escrito que fue el primer hombre blanco nacido a este lado del río Green. Las otras tumbas no poseen tantas descripciones grabadas como ésta. Algunas, probablemente de los esclavos, tienen sólo un pequeño pedazo de piedra con tres iniciales talladas.

La casa es una historia en sí misma. Sirvió como Poste 114 en la Guerra Civil, y ha visto mucha acción y muchas personas que la han utilizado como residencia dentro de sus paredes. Las historias de los acontecimientos ocurridos en esa casa, y otras que corren de boca en boca, harían una gran novela, pero en la noche del jueves 12 de marzo de 1998, alrededor de las 11 p.m., algo pasó que dio origen a un importante fenómeno paranormal en el cementerio.

Yo había estado comentándole a un nuevo socio de trabajo sobre todas las ocurrencias extrañas del pasado en este cementerio, y me dijo que debíamos terminar cuanto antes nuestro trabajo y acercarnos a ver los fantasmas. Yo estaba de acuerdo. Cuando finalizamos, uno de mis mejores amigos, Chris, pasó por la puerta y decidió ir con nosotros. Así que nos acercamos Chris, Stuart y yo, a ver a los fantasmas.

El área de los alrededores del cementerio siempre indujo un sentimiento nauseabundo en mí cada vez que me acercaba, y de nuevo pasó esta noche. Nosotros estacionamos el automóvil y empezamos el paseo hacia la entrada por el camino más corto. Alcanzamos la apertura del bosque que lleva al cementerio y súbitamente me detuve, pues me di cuenta de una presencia. Percibí con toda claridad una energía, aunque no había nada en los alrededores. Seguimos caminando y nos detuvimos de nuevo en un descansillo de piedra adosado a la pared.

Stuart estaba asombrado por la belleza tranquila del área y la luz de la Luna llena que brillaba a través de los árboles desnudos. Desde la primera vez en que yo había empezado a venir aquí nunca había tenido esa sensación, lo que me pareció extraño. Stuart y Chris comenzaron a caminar más deprisa, dejándome atrás. De repente tuve un presentimiento... como si algo estuviera viniendo hacia mí. Empecé a caminar en otra dirección en la creencia de que así vería algo siguiéndome, pero no había nada allí. Me reuní con mis dos amigos fuera del círculo, donde nos paramos unos segundos y escuchamos un sonido en el aire nocturno. Entonces, Chris se volvió a mí y dijo: «¿Qué pasa?...»

Le miré y contesté: «¿El qué?»

«¿No me has dicho algo?», respondió. «Creí que dijiste: ¡Salga!»

Le expliqué que yo no había dicho nada y empezamos a caminar atrás hacia el camino. Caminé con Stuart a mi derecha y Chris ligeramente detrás. De repente, oí un gruñido gutural bajo, después otra vez, y volví a mirar a Stuart para ver si él había hecho el ruido como un chiste. Pero él estaba llevándose simplemente un cigarro a su boca después de encenderlo y parecía ausente. Cuando me volví para mirar a Chris, por si hubiera sido él quien hizo el ruido, me quedé totalmente helado, pues alguien me estaba empujando. Sentí un par de enormes manos, intentando obligarme a salir. Exclamé: «¡Joder, que ya me voy!» Y empecé a caminar muy rápido, lejos de esa cosa que me empujaba.

Pronto llegamos a la salida y les pregunté lo que habían visto u oído. Stuart dijo que él me vio saltar, como si algo me estuviera cayendo encima. Chris dijo que él también me vio volar, pero los dos negaron oír nada ni mucho menos ser ellos quienes hubieran realizado ruidos o empujones.

El Tren Fantasma

La experiencia más extraña de mi vida pasó cuando mi esposa y yo estábamos viviendo en Colombo, Sri Lanka. Los terroristas tigres tamiles estaban activos en esa época y nos aconsejaron en nuestro hotel que no saliéramos durante el toque de queda, evitando las playas en particular. Pero una noche teníamos un problema que resolver y para evitar la playa tuvimos que tomar una larga ruta cercana a la vía férrea.

Los trenes de vapor viejos normalmente hacen un giro brusco en esa zona y emiten chirridos y emplean sus pitos para alertar de su presencia. Yo noté una luz que llegaba a nosotros y asumiendo que se acercaba un tren aparté a mi esposa rápidamente de las barras del guardabarrera.

Cuando llegó, y aunque era un tren de vapor muy viejo, lo hizo totalmente en silencio, sin que fuera audible ni siquiera el rodar de sus metálicas ruedas. El vapor, las ruedas, los vagones, no hicieron un solo ruido. Estábamos tan cerca del ferrocarril que también pudimos ver que el tren no tenía maquinista, ningún pasajero y ningún guardia.

Yo soy un hombre escéptico, especialista en la armada y he trabajado como consejero financiero, por lo que a la mañana siguiente fui a preguntarle al jefe de estación por ese hecho. Él insistió que no había pasado ningún tren por esa línea desde hacía varios días, mucho menos un tren tan viejo y silencioso como el que yo le describí. Agregó que el lugar por donde nosotros habíamos caminado había sido el sitio de varios desastres de tren fatales.

¿Vimos nosotros un tren fantasma? Mi esposa piensa que si nosotros nos hubiéramos quedado en medio de la vía el tren habría pasado derecho a través de nosotros. ¿Qué piensa usted?

¿Un perro no muerto?

Soy profesor de Historia y Psicología, y por ello creo que tengo los pies en la tierra. El término paranormal normalmente trae a mí cierta paranoia de la mente y esquizofrenia, aunque ello no me impide contar y escribir historias de fantasmas como una materia del folclore.

Hace años tuve una única experiencia. Tengo un sobrino al que le gusta pasar sus vacaciones conmigo, especialmente para practicar el tiro al blanco. Mi casa está en Utah, en un lugar cercano a un cañón, que en la boca tiene una zona de arena gruesa muy antigua. El gobierno local amontonó cuatro pilares alrededor del margen del hoyo principal para impedir que la gente llegase con sus automóviles hasta allí. El hoyo tiene unos 25-30 pies de profundidad.

Ese día de verano era soleado y muy luminoso, y cuando llegamos vimos que esa zona estaba llena de chatarra, automóviles viejos, aparatos y mucha basura; todo ello era el material ideal para cualquier aficionado al tiro. Cuando me situé en el lado norte del hoyo, vi a un perro tumbado sobre una cama vieja. Era joven, negro, y parecía un labrador. No era habitual ver un perro por aquellos lugares, pues siempre están cerca de las casas. Le comenté a mi sobrino la presencia del perro y me dijo: «Parece triste.» Estacioné mi automóvil en un lugar prudente y en compañía de mi sobrino caminamos hacia abajo por un camino viejo para encontrar un lugar idóneo. Disparamos aproximadamente durante dos horas a botellas rotas y latas, y aunque el perro estaba muy lejos le oímos aullar repetidas veces.

Volvimos en su busca y me acerqué lentamente mientras le llamaba. Estaba sentado unos tres metros fuera del camino. Mi sobrino me preguntó: «¿Qué lleva en su pecho?» Me acerqué al animal y observé que tenía una herida infectada en el pecho. Tenía mal aspecto y supe que el animal estaba muy enfermo. Bajé del automóvil y me acerqué al perro con mi escopeta al hombro. Odio ver sufrir a los animales.

Me alejé unos metros del perro, amartillé el arma, apunté a su pecho, justo donde estaba su corazón, y le dije que lo sentía. Entonces apreté el gatillo. El perro estaba a lo sumo a dos metros de mí y había estado disparando a las latas de ese vertedero al menos en diez ocasiones. El tiro no le acertó y el perro ni siquiera se asustó, pues se quedó sentado mirándome. Repetí el tiro con el mismo resultado y entonces el perro se levantó y se alejó de mí a lo largo de los montones de arena gruesa. Cuando se alejó, disparé de nuevo, ahora a las botellas cercanas. Las balas llegaron precisas a su objetivo y los trozos de cristal saltaron en todas las direcciones.

El perro se había parado de nuevo, muy cerca, y mi ego como tirador estaba por los suelos, por lo que decidí volver a intentar la eutanasia. Efectué seis disparos a una distancia no superior a los tres metros, pero el perro seguía sin inmutarse. La mayoría de mis balas se estrellaron en la arena de los alrededores, por lo que volví a cargar otras seis balas. El perro estaba quieto, me miraba, y se puso en marcha hacia la cuesta. Apunté muy cuidadosamente y disparé. En ese momento supe que las balas estaban pasando a través de su cuerpo sin dañarle. Pronto alcanzó el margen del lugar y desapareció. Corrí de un lado a otro en su busca, pues estaba seguro que lo encontraría muerto. Una ráfaga de viento puso polvo en mi cara cuando alcancé la colina por donde había desaparecido el perro. No había bajado y ni siquiera estaba allí.

Desde esa altura se podía ver un gran paisaje desierto, sin obstáculos naturales que limitaran mi visión. Miré con detenimiento, pero no había ningún perro, ni muerto ni vivo. Inspeccioné luego la zona con mi sobrino durante algún tiempo con el mismo resultado. Lo más racional era pensar que se había escapado y que permanecía escondido en algún agujero invisible para mí. Entonces el Sol desapareció y mirando al oeste me di cuenta que estaba llegando una fuerte tormenta, por lo que tuvimos que ir corriendo a por el coche. Cuando llegamos al automóvil estábamos ya muy mojados, y mi sobrino me preguntó por qué había intentado matar al perro. Le expliqué que el perro estaba enfermo y que era mi obligación para que dejara de sufrir. Él pareció entenderlo, pero yo nunca supe qué había ocurrido con el animal.

Historia en Carolina del Sur

Hace aproximadamente un año y medio, en marzo, mis amigos y yo bajamos a Atlanta y desde allí a Charleston, Carolina del Sur. Estábamos aburridos cuando llegamos, por lo que decidimos acercarnos a Las Cuevas. Se trata de una gran cueva adonde van los adoradores satánicos para hablar e intercambiar sus escritos y objetos, aunque nosotros solamente estábamos interesados en bailar con las chicas. Nos fuimos con ellas afuera, bajo la luz de una lámpara callejera, pero los satánicos se dieron cuenta y salieron de la cueva en nuestra busca. Todos echamos a correr y pronto nos vimos perseguidos por un individuo tenebroso. No se trataba de nadie disfrazado, sino de alguien muy alto, horrible y que más que andar daba saltos en el aire para atraparnos. Afortunadamente, allí había un lugar muy iluminado y cuando nos paramos para hacerle frente no vimos a nadie.

Cuando regresamos a casa yo estaba muy asustado, pero lo más extraño era que ninguno de mis amigos advirtió la presencia de ese ser maligno detrás de nosotros. Les pregunté entonces la razón por la que habían corrido y me explicaron que lo hicieron por seguirme a mí, pues pensaban que alguien quería pegarnos.

Otro día mis amigos decidieron ir a un nuevo baile, pero yo preferí quedarme en casa, pues aún estaba algo asustado y les dije que luego me reuniría con ellos. Mi casa siempre ha sido algo original y tiene tras de sí una historia de fantasmas. Después que mis amigos se marcharon me quedé tumbado en la cama viendo la televisión. Aproximadamente una hora más tarde todas las luces se apagaron bruscamente, aunque pensé que todo era un problema con la electricidad. Pero el tiempo pasó y la luz seguía sin llegar, por lo que a las doce y media de la noche decidí ponerme a dormir.

El problema es que yo oía cosas, ruidos, y alrededor de la 1:25 oí que la puerta trasera se abría. El garaje de la casa había sido acondicionado como otro cuarto, con una puerta muy grande y pesada para abrir y cerrar, pero preferí quedarme en la cama antes que averiguar quién estaba allí. Diez minutos después, nadie había entrado. Con el estómago encogido, decidí por fin ir a ver si había alguien en ese cuarto. Tuve que hacer mucha fuerza para abrir la puerta y cuando conseguí abrirla el cuarto estaba en silencio y oscuro. Cerré rápidamente la puerta de atrás, aunque tuve que poner todo mi peso contra ella para lograrlo. Corrí hasta la cama y me escondí bajo las sábanas, como si tuviera de nuevo nueve años.

Pensé que esto era ridículo y que en lugar de esconderme sería mejor preparar la cena. Me levanté y comencé a preparar la comida, más que nada para matar el tiempo. Cuando estaba lavando los platos oí que la puerta se cerraba de golpe. Pensé que volvían mis amigos y les pregunté si se habían divertido gastándome bromas, pero no hubo ninguna respuesta. Dejé los platos y fui a la puerta. Nadie estaba allí. El acondicionador de aire no funcionaba y no se escuchaba ruido alguno. Aunque hacía mucho calor preferí no acercarme para ponerlo de nuevo en marcha y lo único que hice fue volver a mi dormitorio, tomar una cruz y esconderme de nuevo bajo las sábanas.

Una hora y media después, oí la puerta de nuevo. Atisbé fuera durante un segundo... ¡y ahora llegaban mis amigos! Les dije lo que pasó y me contestaron que probablemente era mi fantasma o el demonio que nos había seguido antes.

Un mes después, me desperté una noche y no podía respirar. Algo estaba encima de mi pecho que me impedía hacerlo. Aproximadamente unos diez segundos después, comencé a respirar de nuevo y terminé riéndome solo.

Seis meses después, mis amigos y yo nos aburríamos una noche en Clemson, Carolina del Sur. Éramos en total seis personas y fuimos al jardín botánico a medianoche, algo que era ilegal, pues estaba cerrado. Todo estaba muy oscuro y aunque nadie decía nada lo cierto es que estábamos asustados. Teníamos sólo dos linternas eléctricas, una grande y otra apenas un llavero, aunque yo no llevaba ninguna de ellas. Cuando estábamos caminando por los senderos, uno de ellos pensó que sería cómico correr delante de nosotros y asustarnos. Mi amigo (el que tenía el llavero) corrió detrás de él y esto causó una reacción en cadena y todos corrimos sin parar. Siendo yo el más joven, no podía alcanzarlos, así que, finalmente, me quedé solo. Apenas conseguía mantenerme en pie del esfuerzo. Justo entonces, mirando por el rabillo del ojo, vi una luz. No había otra cosa, salvo algo luminoso.

De repente, mi amigo, que estaba delante de mí, me agitó. Estaba gritando mi nombre y me dijo que llevaba media hora buscándome. Le dije que era imposible, pues apenas nos habíamos separado, y él gritó: «¡Estás sangrando!» Miré mi camisa y manos, y había sangre. Mi nariz había empezado a sangrar. Entonces ambos nos fuimos corriendo al automóvil, aunque ninguno de nosotros estaba seguro de lo que exactamente pasó esa noche. Algunos dijeron que era un fantasma, un OVNI, pero yo no creí nada de eso. Quizá fuera un fantasma, aunque nunca lo sabré.

Fantasmas de niños en Navidad

Aquí tienen una historia interesante sobre un apartamento que mi familia y yo tuvimos alquilado en California.

Mi marido había encontrado un apartamento pequeño para nuestra familia de cinco personas en Oxnard, California, para el mes de agosto de 1989. Al principio no notamos nada extraño, aunque al poco tiempo ciertas cosas pequeñas desaparecieron, pero como teníamos tres niños, el mayor de cuatro años, pensamos que serían ellos los culpables. Casi un mes después los zapatos para asistir a los desfiles habían desaparecido y aunque los buscamos por todas partes, incluso en la estufa y el frigorífico, no los encontramos. Él pidió prestado un par a un amigo.

Cuando se marchó a su barco durante un día entero yo continué la búsqueda de los zapatos, y después de un mes aproximadamente sin ninguna señal de ellos nos resignamos a comprar otro par. Unos días después pensé escribir una carta a mis padres, por lo que busqué unos folios. El cajón que los contenía estaba atascado y tuve que tirar con mucha fuerza para abrirlo; cuando lo logré encontré los papeles ¡y los zapatos!. Ambos nos dimos cuenta que era imposible que los niños los hubieran puesto allí, pues estaba demasiado alto para que llegaran.

Al poco, sucedieron cosas extrañas. Manchas extrañas en las paredes, luces que se encienden abajo en el vestíbulo cuando estamos todos arriba, la cerradura de la puerta del baño desaparecida y encontrada días después encima de la mesa del salón, así como las puertas del armario abriéndose y cerrándose solas. Mi hijo mayor de cuatro años empezó a hablar con alguien en su cuarto por las noches, pero yo no quise hablar con él hasta que tuviera más detalles sobre el asunto.

En una ocasión una amiga comentó con otros sobre los eventos extraños de nuestro apartamento y yo aproveché para hablar de otros similares acaecidos con Joey. Ella nos corrigió rápidamente en algunos hechos sobre Joey y nos aseguró que estaba asustada desde hacía años. Joey no quería quedarse allí, así que sacamos algunas fotos de los niños esa noche. Cuando me entregaron las fotografías había un globo de luz al lado de mi hija mayor y en la foto solamente estaba ella. Innecesario decir que yo estaba muy asustada, pero como mi marido no podía dejar el trabajo de momento hasta recibir nuevas órdenes, nos quedamos hasta después de Navidad.

En esa ocasión fue la fiesta más extraña que hemos tenido en la vida. Dos semanas antes de Navidad había comprado libros que hablaban sobre esas fiestas, algunos muy adecuados para los niños. Yo les leía los libros cuando estaban en la cama hasta que se dormían. Ese día les fui a contar los cuentos, pero los libros habían desaparecido. Los busqué en todos los lugares en que se suelen caer los libros, incluso en la parte de atrás de la lavadora y en el armario trastero. Conseguí encontrar otros libros, pero no los de Navidad, y también aparecieron unas bonitas medias y algunos adornos.

Ciertamente me encontraba atemorizada y no quería tentar mi suerte, así que llené los calcetines esa nochebuena para mis hijos. Por la mañana, las medias habían desaparecido y no conseguimos encontrarlas. No sabía a qué se debían estos hechos y pensé que estaba loca. Finalmente, los libros aparecieron en una caja del trastero.

Ninguno de nuestros amigos quiso visitarnos durante algún tiempo, pues los extraños acontecimientos fueron divulgados con rapidez. Poco a poco volvieron a vernos, pero nadie quería quedarse con nosotros a pasar la noche. Algunos estaban convencidos de que queríamos tomarles el pelo y otros que nos estábamos volviendo locos.

HISTORIAS DE FANTASMAS

El túnel de Sydney

Yo vivo en Sydney, Australia, y me considero un escéptico en todo lo referente a lo sobrenatural. No he cambiado mi forma de pensar, pero esto realmente me sucedió y no puedo encontrar ninguna explicación racional.

Trabajo como espeleólogo y desde que vivo en la ciudad suelo explorar desagües y cloacas, además de las cuevas y grietas naturales. Siempre he estado interesado en las estructuras construidas alrededor de Sydney, especialmente desde que un amigo mío me dijo que quería ver los antiguos túneles defensivos del puerto construidos por los ingleses cuando llegaron a Sydney.

Antes debo explicarles que el puerto de Sydney ha mejorado mucho en los últimos doscientos años y lugares como el arroyo del Tanque y los túneles norteños y del sur están parcialmente llenos de agua. Cuando recibimos el permiso local para explorarlos nos hicimos con un traje de buceo y una escafandra, además de un bote hinchable. Decidimos salir por la playa del puerto debajo del Parque Zoológico Taronga, aproximadamente a las 11 a.m., el 15 de febrero de

1997, un bonito sábado de final del verano. Éramos en total seis personas, pero sólo cuatro de nosotros comenzamos la exploración en los túneles.

Lo primero que debo decir es que nosotros caminamos en la oscuridad, con un fuerte olor a moho en los túneles y llenos de telarañas. Le recomiendo que si usted no sabe moverse entre arañas, telarañas y ratas no haga nunca esta prueba. Después de recorrer cierta distancia vimos pruebas de las visitas que niños aventureros habían realizado en estos túneles, quizá para demostrarse quién era el más valiente. Graffitis, papeles y botellas de cerveza vacías eran la prueba de su paso, aunque había un dibujo fechado en 1809.

Por eso ese viejo lugar había perdido su encanto aunque, sin embargo, los túneles realmente siguen siendo atractivos para quienes gusten de las aventuras y lo desconocido. El viento sopla en su interior y genera sonidos extraños durante varios kilómetros, y pienso que a muchos les induce al miedo y a la necesidad de echar a correr. El líquido que estaba bajo nuestros pies debería ser sólo agua, pero en la oscuridad no lo veíamos, aunque percibíamos perfectamente un hedor imposible propio de las alcantarillas.

Algunas zonas de los túneles se habían derrumbado bajo el peso de los camiones que pasaban por la superficie, así como las paredes aparecían resquebrajadas a causa de las raíces y material procedente de los bosques que se filtraba a través de los bloques de piedra arenisca. Muy cercano estaba el parque zoológico, lo que obligaba a inclinar los túneles hacia abajo y fue precisamente allí donde nos detuvimos para tomar aliento e iluminar mejor el lugar. Normalmente, cuando el agua en lugares así es bastante profunda, puede ser peligroso intentar vadear o nadar; sin embargo, simplemente hay que decir que a las ratas les gusta mucho ese lugar y la pestilente comida.

Yo estaba sentado en el margen izquierdo de ese lugar tan sucio, y había encontrado un sitio idóneo para raspar el tejado en busca de algún detalle de interés. Estaba a punto de abandonar cuando noté lo que parecían ser más túneles antiguos. Señalé este hecho a mis compañeros y ellos estuvieron de acuerdo conmigo, aunque todos sabíamos que no disponíamos de mucho tiempo más y teníamos que comenzar el regreso aproximadamente dentro de diez minutos. Uno de ellos notó que el agua estaba comenzando a moverse fuertemente, posiblemente como resultado de las mareas, y nos dijo que lo mejor que podíamos hacer era dar la vuelta y salir rápidamente.

Sus deseos fueron órdenes tajantes y cuando comenzamos a regresar el agua empezó a brotar con fuerza haciendo peligrar nuestra embarcación. Lo único que se podía ver con esa oscuridad eran los remos y a mis compañeros. En una ocasión, en uno de los túneles que comunican con el principal, y después de ir corriente abajo, creí ver una figura azul y verde con alas, lo que identifiqué en ese momento como el gas del pantano, pero su aspecto era inquietante. Esta visión duró unos segundos y luego se formó la figura de un hombre resplandeciente. Su vestimenta era lo que parecía un traje entallado, algo así como lo que llevan esos hombres sin casa ni hogar que llevan siempre el mismo traje aplastado, pues frecuentemente duermen con él.

Lo cierto es que la figura estaba mirándonos fijamente, aunque en ese momento pensé que estaba alucinando, pues ninguno de mis compañeros lo vio. Comencé a sentirme mal, pues era consciente de que el agua alcanzaba en esa zona seis pies de profundad, y nadie en su sano juicio bajaría sin protección a un túnel como éste. Nosotros disponíamos de un equipo adecuado, además del bote, pero el lugar era tan húmedo y maloliente que hacía necesario el uso de mascarillas y oxígeno. Por eso, una persona en pie, sin hundirse, vestida con traje arrugado y mirándonos fijamente sin hablar, no era una visión habitual en mi trabajo. Además, el agua que le cubría brillaba, y las paredes próximas reflejaban esa luz. En ese momento dejé de ver la figura pues uno de mis compañeros dijo que sentía mucho frío a pesar de su traje de buceo térmico, especialmente cuando llegamos al lugar en donde yo había visto la persona fantasmal.

Desde ese día ninguno de nosotros ha estado en ese ni en ningún otro túnel, por lo que no puedo decirles qué ha ocurrido después.

El rancho de Hixon

Éstas son varias historias que he oído contar a los miembros de mi familia en nuestro rancho de Hixon, Columbia británica. Éste es un pequeño pueblo en el interior norteño, justamente cerca de Príncipe George. No estoy seguro si alguien todavía vive en la casa, pues me marché cuando cumplí los diez años y los dueños actuales habían pasado a vivir a otro lugar cercano.

La casa era bastante grande y en ese momento era la mejor casa y la mayor en la que mi familia había vivido. Mi abuelo simplemente se había convertido en ranchero después de ser leñador en la costa de Oregón y estaba acostumbrado a vivir en condiciones menos lujosas. Él llegó a esta casa con mi abuela, mi padre (tenía entonces veintisiete años) y mis tíos, que tenían entonces cinco y seis años. Al año siguiente mi padre se casó con mi madre y ella también se instaló allí.

Estuvimos viviendo allí cuando yo era niño, por lo que no tengo datos de primera mano, pero he recogido y he intentado reunir detalles de todos los miembros familiares involucrados para elaborar unas historias completas. Ahora mismo la única persona que puede verificar los detalles es mi abuela, pues cuando hablo con mis padres y tíos no quieren comentarme nada más.

Según recuerda mi abuela, ocurrieron probablemente varias cosas antes de mi primera historia, pero ellos eran todos bastante escépticos en esa época y no pensaron buscar explicaciones paranormales. La primera pista que indicaba que algo no iba bien fue lo que le ocurrió a mi abuela cuando ella estaba sola en casa, salvo mis tíos pequeños dormidos en sus cuartos. Mi padre y el abuelo habían ido de viaje esa semana a Yukon para trabajar, y ella estaba dormida en su cuarto cuando algo la despertó. Buscando saber lo que la había despertado vio lo que luego describió como una señora con un vestido blanco. Cuando le pedí más detalles dijo que era realmente más como un ángel que un humano, pero por la forma y el vestido la identificó como una mujer. Mi abuela gritó y encendió la luz y la aparición se esfumó, pero todos los cuadros de la cómoda (mi abuela siempre ha sido muy creyente y por eso pone los cuadros cerca de una imagen religiosa) estaban boca abajo a los pies de su cama. Ella piensa que fue el sonido de los cuadros cayendo al suelo lo que la despertó.

Lo siguiente que ellos recuerdan se relaciona claramente con esa historia y le sucedió a mi padre en su cuarto. Él se despertó bruscamente por la noche para ver una figura que describió como una mujer que llevaba un vestido azul, aunque realmente era una forma azul. También estaba cerca de él, a los pies de su cama, pero podía verla sacando ropa de su cómoda, mirando los bolsillos y poniéndolo todo a los pies de su cama. Encendió la luz y la figura desapareció, pero allí estaban varios artículos de ropa con los bolsillos revueltos, y sus pantalones, que solía dejar bien colocados en una silla, igualmente puestos en el suelo, así como la cartera, el monedero y las llaves que dejó en la cómoda.

Estas dos cosas que mi familia siempre recuerda podrían estar relacionadas con algún fantasma que solía sentarse en una silla mecedora que había en un desván al que se llegaba por una escalera. Como quiera que el ruido nos impedía dormir, la mecedora se cambió de lugar y dejó de moverse, lo que les indicó que seguramente era una rata la verdadera causa. También podría ser otra rata, o la misma, la que producía un ruido entre el techo de la planta baja y el suelo de arriba, pues todas las noches durante semanas algo rodaba por toda la longitud de la casa de arriba abajo.

Finalmente, mi padre hizo un agujero en el suelo para poner una trampa a la rata, pero el ruido siguió y la rata nunca fue vista. Intentó colocar otros cepos en los mismos lugares en que se oían los ruidos nocturnos, pero a pesar de emplear diferentes tipos de queso, la trampa nunca cazó a nada ni a nadie. Estos hechos fueron relacionados con las apariciones, pues no existía otro modo de explicarlos.

Mi verdadera historia de fantasmas

Mis tíos se fueron a vivir a una granja con una pequeña casa al norte de Sault San Marie, Ontario. Me enviaron allí en las vacaciones de verano para ayudarles a establecerse en su nueva casa. Mi primera noche con ellos empezó con mis tíos saliendo a trabajar fuera, por lo que me quedé solo en la casa. Al día siguiente, y después de una tarde muy tranquila desempaquetando cajas y el mobiliario de la mudanza, mi tía se acostó mientras yo veía la televisión en el piso inferior.

Nunca había tenido en cuenta a los fantasmas, por lo que no estaba esperando oír ruidos fuera de la ventana y que mi cama retrocediera. Los ruidos empezaron como si alguien rascara algo y después empezaron a golpear o taladrar ligeramente. Pensé que era el ruido de las ramas de un árbol al moverse con el viento y lo ignoré. Estaba cansado e intenté dormir. Mi cuarto estaba situado justo enfrente del dormitorio de mi tía y alrededor de las 12:30 me desperté, pues escuché un ruido procedente del piso inferior. Salí fuera y allí me encontré con mi tía, quien también había oído el ruido. Me preguntó si yo lo había oído y ambos nos fuimos abajo, pues pensamos que algo se había caído o que mi tío había vuelto temprano del trabajo y había tropezado con algo.

Las escaleras de la casa llevaban al salón y el ruido estaba localizado cerca de la puerta delantera. Nada parecía anormal allí, por lo que nos dirigimos hacia la cocina. En cuanto mi tía encendió las luces de la cocina ambos nos dimos un susto enorme al ver todas las puertas del armario y todos los cajones abiertos. La vajilla de plata estaba esparcida sobre el suelo de la cocina, aunque el armario estaba perfectamente. Cerramos todos los armarios y cajones y nos volvimos a la cama comentando que posiblemente nos habíamos olvidado de cerrar el armario y la vajilla de plata se había caído o había sido tirada por el gato.

Después de que habíamos regresado a la cama, me desperté de nuevo alrededor de las 3:00 a causa del mismo tipo de ruido. Mi tía y yo nos encontramos de nuevo en el vestíbulo y bajamos una vez más los escalones. Cuando llegamos a la cocina y encendimos la luz todos los armarios y cajones estaban de nuevo abiertos. Además de esto, todas las sillas y la mesa estaban al revés, volteadas, las sillas encima y puestas en la entrada de la puerta trasera. Innecesario decir que nos asustamos mucho y por eso mi tía llamó a su marido al trabajo. Él vino a casa y rastreó el área y la casa completamente. Nosotros no dormimos el resto de la noche, y durante el día no ocurrió ningún tipo de problema en la casa.

En mi segunda noche yo estaba viendo la televisión mientras mis tíos habían salido a comprar alimentos. Entré en la cocina para conseguir una bebida y casi me desmayo cuando vi una cara que me miraba a través de la puerta trasera. Debo decir que esta puerta no podía ser usada y estaba clavada y cerrada. Encendí la luz de la parte de atrás, pero no había nadie allí.

Me senté en la sala con todas las luces encendidas hasta que volvieron mis tíos. Solamente regresó mi tía, pues su marido había tenido que irse a trabajar, y esa noche los dos oímos ruidos golpeando de nuevo abajo, aunque en ese momento ninguno teníamos interés por bajar y comprobar la causa. Mi tía se armó de valor y entró en mi cuarto para intentar conseguir que fuera con ella. Ambos bajamos y ella se fue a la cocina. De pronto la oí gritar y la vi salir rápidamente, diciéndome que los armarios y los cajones estaban de nuevo abiertos. Sonó un ruido en la puerta trasera y cuando ella miró vio una cara que asomaba. Salimos rápidamente de la cocina sin tocar nada y nos sentamos en el salón. Allí nos quedamos dormidos y cuando nos despertamos por la mañana todo el mobiliario del salón estaba revuelto y lo que estaba dentro de los cajones aparecía desperdigado por el suelo.

Me enviaron a mi casa al día siguiente y tuve noticias de mis tíos en las que me contaban que los acontecimientos habían continuado durante semanas después de que yo me había ido. Más adelante, mis tíos no pudieron resistir esos eventos extraños y se marcharon. Además de golpear y mover el mobiliario, así como esa cara ocasional que se veía por la ventana de la puerta trasera, mis tíos me contaron lo que sucedió la noche más aterradora. Ella se despertó esa noche y vio en penumbras algo arrastrándose por el suelo. Cuando extendió la mano y encendió la lámpara, la cara que nosotros habíamos visto en la ventana de la cocina estaba ahora unida a un cuerpo y se mantenía en pie al lado de su cama. Mi tía describió a la persona como una señora vieja corpulenta que desapareció cuando hubo luz. Ése fue el último día que mis tíos vivieron en esa casa.

Esa es la historia, créanla o no. Desde entonces, tengo una creencia definida en los fantasmas, mucho más firme desde que mi tío unas semanas después visitó a sus antiguos vecinos y les preguntó por la casa. Le dijeron que una pareja muy vieja había habitado la casa desde su construcción y que se habían muerto unos meses antes de llegar nosotros. La casa había permanecido vacía durante casi un año antes de instalarnos nosotros. Otra pareja compró la casa posteriormente y también se fueron después de unos meses sin explicación alguna.

Esa casa fue derruida meses después y ahora hay un centro comercial en su lugar.

Poltergeist eléctrico

Ésta es la historia contada por un amigo sobre lo que le pasó a un pariente suyo.

Nancy estaba trabajando una noche en un tema sobre la naturaleza en su casa. La televisión mostraba un coloquio, aunque ella no prestaba atención y la mantenía encendida porque se sentía cómoda así. Puso en limpio su trabajo y por ello no notó que el sonido de la televisión se había distorsionado. Pronto empezó a notar que las voces se oían cada vez más fuertes, pero apenas se lograba entender lo que decía el locutor. Tomó el mando a distancia y lo manipuló para cambiar de canal, pero aunque cambió la emisora el sonido seguía igual. Apagó la televisión y el sonido se apagó lentamente hasta el final.

El silencio casi la asustó y por eso decidió encender la radio. La emisora estaba retransmitiendo el mismo coloquio, por lo que la apagó también y llamó por teléfono a un amigo para que fuera a recogerla. En lugar del tono del dial Nancy oyó un grito. Inmediatamente el sonido de la lavadora, la batidora y el triturador de basuras llegó procedente de la cocina, como si alguien los hubiera conectado simultáneamente. También llegaron ruidos procedentes del garaje, iguales a cuando se trabaja con herramientas, y en ese momento la televisión y la radio se conectaron solas. Súbitamente, todo se quedó en silencio.

El resto de su familia volvió al cabo de unos minutos y la encontraron en una esquina de su cuarto llorando. Después de algún tiempo intentando calmarla, finalmente contó la historia. No sabía bien qué había pasado, pero estaba segura de que había ocurrido. Le explicaron que tuvo que haber tenido un mal sueño o algo similar, a lo que ella dijo que no había dormido nada en toda la noche. La conversación propuso muchas ideas, pero nadie sugirió que fuera un fantasma.

Después comprobaron la instalación eléctrica, pero no encontraron nada extraño. Todo se encendía y apagaba como antes y el sonido era perfecto. Cuando llegó al día siguiente un electricista les dijo: «No sé qué decirles, pues nunca he visto algo así antes.» Explicó que la instalación eléctrica parecía haber sido manipulada hacía unas horas, cambiada, pero aun así todo funcionaba perfectamente.

Estos sucesos ocurrieron muchas veces durante los próximos meses, asustando a la familia, que consideró cambiarse de casa. Pero antes de que ellos pudieran ponerla en venta, la televisión solamente sintonizó un canal, uno que hablaba de fantasmas y espíritus. Estos hechos nunca más volvieron a repetirse.

Fantasma en la ventana

Harry tenía mucho sueño y por eso se acostó. Se durmió rápidamente porque ese día había trabajado más duro de lo usual. En medio de la noche se despertó sintiéndose intranquilo y, aunque no podía ver nada en la oscuridad, escuchó algo. Alguien estaba en el lado derecho de la ventana haciendo un ruido sordo afuera. Harry saltó de la cama y se escondió, tratando de poner distancia entre él y el intruso. Estaba a los pies de la cama, tumbado en el suelo, y asomaba su cabeza mirando a la ventana.

Esa ventana era bastante grande y al menos había cinco metros hasta el suelo en la calle, pero se veía una cara en la ventana. No se trataba de ninguna cara normal, pues estaba muy brillante. Indudablemente era la cara de una mujer que parecía estar pidiendo ayuda, aunque no emitía ningún sonido. La aparición miró hacia abajo y otra cara surgió de la oscuridad para reemplazar a la primera. Ahora se trataba de una cara mala. Estaba todo muy oscuro pero los detalles de la cara se veían perfectamente, incluso en la oscuridad. Tenía los ojos encendidos con un fuego interno y le brillaban intensamente.

Harry no sabía qué pensar y después de unos minutos de racionalización decidió que tenía que ser alguna clase de travesura. Llamó a la policía, que llegó diez minutos después. Describió todo lo que había visto y los llevó afuera bajo la ventana. La parte del balcón y la pared de esa zona estaban arañadas. La policía lo examinó y encontró que había pisadas abajo, pero sin precisar qué tipo de persona pudiera ser, ni siquiera su tamaño y peso, ignorando si había caído desde la ventana o el tejado y si estaría herido.

Los policías examinaron después el patio y uno de ellos encontró una tela llena de barro con muchas huellas, así como un reguero de sangre a su alrededor. La sangre no estaba llena de barro, sino que seguía un sendero calle abajo que se detenía justo debajo de la ventana del vecino. Uno de los funcionarios despertó al dueño de la casa, quien les permitió seguir mirando en su terreno. La sangre continuaba por la pared y finalizaba agrupada en una esquina. El dueño no tenía ninguna idea de cómo eso llegó allí y no había oído nada esa noche.

Desgraciadamente ésa es toda la historia. El hombre que me la contó dijo que los policías investigaron por los alrededores un poco más hasta que se aburrieron y comentaron que posiblemente fue una simple travesura. Los bromistas supieron cómo izarse hasta el balcón a veinticinco pies y también sabían hacer un trabajo de maquillaje. También averiguaron cómo abrir una ventana del sótano que se había cerrado con llave desde el interior. Usted dirá lo que realmente pasó, su suposición es tan buena como cualquiera.

El perro pequeño

Esto sucedió hace uno o dos años y se lo conté a un amigo. Recuerdo que vi alguien que corría hacia mi hermana por la mañana y yo corrí detrás de él, pero o desapareció o se marchó antes de que yo pudiera agarrarlo. Sin embargo, ésta es la historia completa:

Becky y Dan Clark estaban tendiendo ropa en su jardín en el patio de la parte de atrás de su casa. Era mitad del verano y el aire estaba caliente. «¿Crees que debemos tomar un descanso ahora?», preguntó Becky. Dan estaba de acuerdo en que era el tiempo adecuado y ofreció una limonada desde la cocina. Becky caminó hacia un árbol y se sentó debajo en la sombra. Ella echó una mirada alrededor de su patio para comprobar la ropa y vio a un perro blanco en la puerta de su cobertizo. Estaba olfateando el poste de la puerta. Ella se puso de pie y se acercó el perro, que se retiró temeroso al cobertizo.

«Ven aquí, toma», le llamó. El perro sacó su cabeza fuera de la puerta y se retiró de nuevo cuando vio a Becky. Ella caminó adelante en dirección a una tenue luz del cobertizo, pero no podía ver dónde estaba el perro. Caminó un poco más allá en el cobertizo hasta poder ver un poco mejor. El perro ciertamente no estaba en el cobertizo.

«¿Qué es eso», dijo. Detrás de ella salió el sonido de un gruñido. Becky se quedó helada. Quiso estar tranquila y no hizo movimiento alguno. Oyó abrirse la puerta trasera de la casa. En ese momento ella sintió una mordedura en su pierna. Gritó y se dejó caer a tierra. Dan dejó caer el cortacésped y corrió hacia ella. «¿Qué te pasó?», exclamó angustiado. Ella se movió para mostrarle la mordedura a su marido. Parecía la mordedura de un perro por la profundidad de las heridas. Después de recibir tratamiento médico, comentaron al día siguiente con algunos amigos lo sucedido y se fueron en busca de ese perro. Pero su búsqueda fue infructuosa y comentaron que ninguno de los perros de los vecinos era blanco. Algunos de los vecinos hicieron un comentario sobre el hecho de que sus perros habían estado extraordinariamente callados esa tarde, e incluso algunos no se atrevieron a moverse de donde estaban.

El reloj

Yo vivía en Florida cuando estaba casada con mi ex marido, y allí teníamos una colección de relojes antiguos muy diversos, pero principalmente relojes OG. Mi ex realmente estaba entusiasmado con ellos y por eso los teníamos colgados por la casa. Ciertamente eran muy buenos y yo no tuve ningún problema con ellos hasta que empecé a notar cosas raras en uno de los relojes. Este reloj era muy viejo y tenía trabajos de madera.

Cuando yo estaba haciendo algún trabajo en el salón comedor, donde estaba ese reloj colgado en la pared, a veces lo miraba porque era un reloj muy atractivo. Pronto noté que mientras lo miraba el espejo que había en la parte delantera del reloj, aproximadamente de 10 x 12» de tamaño, cambiaba su reflexión sin que el cuarto cambiara en absoluto. Innecesario decir que esto me desconcertaba. Esto ocurría siempre, pero yo era la única en la casa que lo notaba.

También tengo un hijo y una hija que vivieron allí, pero ellos nunca vieron algo excepcional. Bien, finalmente me cansé de eso y una vez me dirigí al espejo del reloj y pregunté quién estaba allí y qué querían ellos de mí. Nunca recibí una respuesta, quizá tuve suerte... no sé. Yo había visto sombras en la casa en una ocasión y mi suegra las había visto antes. Nunca me sentí amenazada ni me hicieron daño alguno. Cuando me divorcié me fui a Pensilvania, y nunca más quise volver a esa casa ni ver los relojes. Si mi ex se llega a enterar de eso, seguro que se alegraría aún más de haberse divorciado.

La casa de la Tormenta Vieja

El caserón Rasguee es un lugar situado en una colina, cinco millas al sur de Cornelius, Oregón. Conocido como Tormenta Vieja, fue construido por un alemán viejo y su familia. Tenía tablas de madera en todo el exterior y las ventanas eran blancas. Había un granero grande cerca de la casa, así como un gran cedro, abetos y pinos, que suspiraban con el viento como los pinos en una novela de Curwood.

Esta familia llegó a esa casa por vez primera a finales de 1937. La depresión todavía era importante en aquellas tierras y había mucha gente sin trabajo, pero cuando alguien decidía salir del pueblo siempre encontraba tierras fértiles a bajo precio, e incluso en los alrededores había comida silvestre. Había siempre casas vacías o chozas de leñadores, porque las personas habían emigrado, o algún granjero había comprado o había arrendado la tierra, y no necesitaba la casa para él. La mayoría no eran muy malas y normalmente siempre quedaba una estufa junto con una mesa áspera, algunos bancos y las canastas anaranjadas para los armarios, sin olvidar un buen pozo. Curiosamente, las ventanas estaban normalmente intactas. Con cortinas de sacos de harina, un suelo bien fregado, calor de la estufa y una olla llena de fréjoles para cocinar, una familia se sentía como «en casa».

La mayoría cuidábamos nuestra propiedad y la manteníamos aseada, más aún que los que las instalaron. Efectivamente, yo reparé unos agujeros en la pared, puse alquitrán para la humedad, y un váter cerca del vertedero. Este distrito, creo, se llamaba el Iowa Hills, estrictamente una comunidad luterana alemana.

Ciertamente necesitábamos un lugar para quedarnos, pues teníamos un bebé y mi marido podría cortar madera si conseguíamos encontrar un lugar para quedarnos. Llegamos al lugar de la Tormenta Vieja, después de recibir permiso de Alex Eischen, que poseía otra granja a una milla y media de distancia y cultivaba este lugar. Le preguntamos por la cantidad de renta que quería, pero para nuestro asombro apenas esbozó una mueca y le centellearon sus ojos, como si tuviera algún secreto, y nos dijo que no quería ninguna renta, pues estaba seguro que no permaneceríamos mucho tiempo allí. Siguió insistiendo en que efectivamente podíamos vivir allí, si lográbamos resistirlo.

También nos encontramos con un soltero, un alemán rechoncho que sólo se rió cuando le dijimos que estábamos instalándonos, y quiso saber cuánto tiempo nos quedaríamos. Nosotros no podíamos deducir dónde estaba el chiste, pero se encogió de hombros y se fue. Creíamos que nos diría incrédulamente: «¿Ustedes están mudándose a la casa de la Tormenta Vieja?», y nos miraría como si fuéramos niños inocentes o tontos. Después nos encontramos muchas miradas fijas, muecas avergonzadas, o simplemente sacudidas de cabezas. Evidentemente, la casa era bien conocida.

Por fin nos instalamos mi marido y yo, nuestra hija pequeña y un primo de mi marido, que se quedó con nosotros para ayudarnos a cortar la madera algún tiempo. Usábamos materiales viejos, de esos que ahora se ven en los museos, y nos pagaban a dos dólares y medio, cortados, entregados y apilados. Esto era dividido en dos y a veces en tres partes, pero aun así nos servía para comprar unos pollos, y los vecinos nos daban leche por ordeñar su vaca.

El lugar se parecía a un castillo viejo cuando llegamos, pero necesitábamos un lugar para quedarnos y no disponíamos ni de un centavo más. El primo de mi marido tenía un automóvil viejo que servía para el transporte, y el agua procedía de una bomba vieja de al lado, que teníamos que llevar hasta la casa para beber, lavarnos, fregar los suelos y cocinar. Y por supuesto, todo tenía que ser calentado por la estufa de la cocina. El pozo era muy profundo y hacía un eco enorme cuando metíamos el cubo, como pasos al caminar, o eso nos parecía. Nosotros pensábamos que esos sonidos eran los normales en un pozo de estas características.

Poco a poco empezamos a oír que ninguna otra persona se había quedado allí a vivir durante mucho tiempo. Otro primo de mi marido y su familia se quedaron un tiempo corto antes de irse a las Llanuras del Norte. Sus nombres eran John y Leta Epler. Ellos nunca hablaron sobre el lugar, pues solamente nos dijeron que ningún miembro de la familia volvería allí, y nos contaron que Leta había sido mordida por una rata cuando estaba acostando en la cama al bebé. Habían usado la alcoba que daba al exterior, aunque nosotros preferimos irnos a la parte trasera, pues estaba más cerca de la cocina y la leñera.

También empezamos a oír historias, principalmente de nuestro soltero vecino alemán, sobre sus actividades como contrabandista, así como de un hombre que se mató en la escalera que lleva al piso de arriba, y sobre que había puertas trampa en algunos de los cuartos. Las manchas de sangre todavía eran visibles en algunos lugares, especialmente en el suelo. Encontramos tres puertas trampa que llevaban a lugares excavados en el suelo. Bueno, les debo contar que después de habernos marchado de allí, ninguno volvió jamás al lugar, y eso que éramos jóvenes y valientes, y nadie creía en fantasmas.

Cuando se es joven preocupan las cosas sencillas y para nuestro traslado apenas contábamos con mobiliario, por lo que usamos lo que encontramos, y además decidimos, después de mirar los alrededores, que la otra parte de la casa no la necesitaríamos, pues no queríamos abusar de la hospitalidad.

Al principio todo fue bien y en el verano pasábamos mucho tiempo fuera de la casa, pero pronto empezamos a notar ruidos extraños. El primero parecían ser unos pasos rotundos que podían oírse en la parte norte de la casa, donde estaba la bomba de agua. Yo acudía rápidamente creyendo que había alguien, alegre por encontrarme con algún vecino, pues cualquier compañía se agradece en estas granjas tan apartadas unas de las otras, pero no había nadie. Puesto que las granjas estaban separadas dos o tres millas, no podíamos ver lo que estaban haciendo los vecinos. Nadie parecía caminar por los campos y el único sonido que llegaba era el de alguien partiendo madera en la leñera, normalmente por las tardes.

Un día oí el ruido de cortar madera y pensé que era mi marido que había venido a casa temprano. Cuando la sierra se estropeaba su primo iba al pueblo a por los repuestos y mi marido venía a casa para cortar madera para la cocina y la estufa. Por eso pensé que él llevaba fuera apenas un minuto y que entraría en casa con el haz de leña al hombro. Los sonidos de los pasos de hombres que subían por los escalones que daban a la cocina se detuvieron, y los percibí entrando en el salón, el lugar que empleamos como lugar de reunión. Allí escuché los pasos durante algún tiempo, y después de un rato esperé a que regresara de nuevo a por más leña. Pero el paseo acabó en la puerta de la trampilla del salón. Esa puerta era muy «activa», pues la abríamos con frecuencia. La primera vez nos preguntamos si alguien estaría enterrado allí.

Todas las tardes, sin falta, aproximadamente a las tres de la tarde, no importa lo que estuviéramos haciendo, volvíamos la cabeza automáticamente hacia esa puerta de la trampilla. Era una reacción forzada que no podíamos impedir. Se convirtió en una rutina, y así lo aceptamos. Nunca dijimos a nadie sobre esto, pues no queríamos que pensaran que estábamos locos. Posiblemente nos mirarían de forma cómica y se marcharían de nuestro lado. Nadie de los que venían a visitarnos miró nunca, ni siquiera de reojo, esa trampilla.

La puerta estaba cortada de una manera extraña, nunca vista, aunque no nos molestamos en saber la causa ni la utilidad. Estábamos teniendo un buen tiempo y nuestros pensamientos eran alegres.

Bueno, no les he contado el final de aquellos primeros pasos, pero lo cierto es que no era mi marido ni nadie, pues seguí sola durante casi dos horas más hasta que regresó del trabajo.

Después que nosotros nos marchamos del lugar algunas personas nos preguntaron por los sucesos, aunque nosotros les aseguramos que no habíamos notado nada extraño.

Cuando llevábamos viviendo un mes, una noche de Luna llena, que se veía sin problemas a través de los árboles, unos pasos diferentes atravesaron desde la puerta trasera de la cocina al salón y llegaron a la alcoba sur, donde parecían estar de pie y permanecer cerca de la ventana. Eran los pasos de una muchacha joven que parecía andar descalza, pues se percibía el sonido de pies desnudos pegados al suelo y caminando por el cuarto. ¿Estaba ella esperando a un amante que nunca volvió o murió? Todos subimos al cuarto y nos detuvimos justo para ver a una muchacha descalza y vestida con un vestido negro largo.

Después la volvimos a ver dos veces. Una fue de noche cuando habían venido unos primos de mi marido a pasar la noche. Ruby estaba esperando a una de sus hermanas que había avisado que vendría, pero después de algún tiempo se hizo de noche y decidimos irnos todos a dormir. A medianoche nos despertamos al oír el ruido de la puerta de entrada al abrirse. Mi marido saltó de la cama para recibir a su hermana, pero yo no me levanté. Después le oí volver a la alcoba, pero como no había ninguna luz encendida solamente pude ver su silueta con la Luna llena. Allí volví a ver a esa muchacha vestida con el traje negro largo, y aunque intenté llamarla no pude emitir ni un susurro. No podía moverme y comencé a sentir frío en la espalda. Curiosamente, mi marido estaba ya acostado a mi lado y le desperté diciendo: «Hay alguien en pie allí.» Él se despertó, miró a la muchacha y se levantó decidido hacia ella. Simplemente, la visión desapareció.

A la mañana siguiente, mientras jugábamos a las cartas con la familia, hablamos sobre los acontecimientos, pero nadie nos prestó atención. Los días siguientes volvimos a oír los mismos pasos, siempre en dirección a la trampilla, pero nunca volvimos a encontrar a nadie ni se originó perturbación alguna. Investigando más a fondo encontramos nueces en el subsuelo, por lo que pensamos que las ratas debían rodarlas por el suelo hasta el borde y de allí a su madriguera entre la pared. Sabemos que estas cosas originaron algunos de los ruidos que oímos, por lo menos los menos extraños.

Algunas tardes cuando encendíamos la lámpara de queroseno, un viento extraño entraba en la casa y apagaba la lámpara. Salíamos fuera para ver si era una tormenta que llegaba pero el aire estaba extrañamente inmóvil. Encendíamos de nuevo la lámpara, y el viento la apagaba al poco tiempo, casi de una manera cronometrada. Esto pasaba casi siempre a la misma hora, y después todo volvía a ser normal.

Mi hija pequeña se pasaba la mayor parte del día jugando con sus juguetes o muñecas, aunque frecuentemente se detenía y ponía su mirada fija en «algo». Yo la miraba sin que ella lo supiera, pues quería saber el motivo de su interés, pero al poco tiempo la niña volvía a sus juegos. Alguna vez solíamos reírnos de su mirada y decíamos «entra, Oscar», pero sin provocarla absolutamente ningún miedo.

Ciertamente nos gustaba estar allí con nuestros fantasmas, aunque ahora yo no me quedaría en ese lugar por nada del mundo. Una tarde el señor Eischen dijo que sería conveniente meter algunos secadores viejos para hacer ciruelas pasas en el cobertizo. Le dijimos que le ayudaríamos a cargarlos. Ese día volvíamos tarde de ordeñar y era una de las tardes en que «el viento» seguía apagando las lámparas. Oímos golpear en el cobertizo, y mi cuñado dijo que iría a ayudar al señor Eischen con los secadores, pues se estaba haciendo de noche. Cuando llegó allí, no había nadie y al retornar a la casa aún se podían oír las bandejas de las ciruelas alzándose, golpes y pasos. Al poco tiempo el ruido se detuvo y nadie vino hasta la casa. Fuimos de nuevo al cobertizo y regresamos a casa al no ver a nadie allí, pero los ruidos empezaron de nuevo. Esto y las lámparas que se apagaban continuaron aproximadamente una hora. De repente, se acabaron el viento y los ruidos y todo fue normal. Al día siguiente preguntamos al señor Eischen si estuvo manejando las bandejas del secador y dijo que no, pues no era necesario ahora. De nuevo nosotros no contamos esto a nadie.

En ese tiempo yo estaba muy intranquila. Habíamos organizado una fiesta con comida, bebidas y compañía. Llegaron muchos invitados y nos dijeron muchas cosas sobre los antiguos inquilinos, preguntándonos si íbamos a quedarnos en semejante lugar raro, pues todos los demás se habían ido en seguida. Les preguntamos cuál era el problema, aunque nadie nos quiso hablar de ello. Estábamos sorprendidos por todo lo que nos habían dicho sobre nuestros «ocupantes», pero la fiesta acabó temprano y en el momento de la separación nos dijeron: «Si alguna vez quieren invitarnos de nuevo, háganlo, pero no a este lugar.» Nos quedamos muy sorprendidos cuando supieron que teníamos miedo de que ellos pensaran que nuestras visiones eran inventadas, en parte porque ya sabían nuestros secretos, especialmente lo relativo a «Oscar» y a todas las otras personas que habían vivido antes allí. Nosotros nunca habíamos oído hablar de la señora Strum, pero había señales de ella en una parcela del jardín, el porche y el tendedero.

El granero era el único lugar que me daba miedo. Era grande y bonito; y personalmente me gustaban los graneros, salvo ése. Me contaron que allí había estado un vagabundo u otras personas sin casa ni hogar que asustaban a los intrusos para que no se acercaran, pues lo consideraban su hogar. Decidí armarme de valor y comprobar si todavía existía algo o alguien allí. Elegí un día soleado, pues quería evitar cosas como verjas o puertas cerrándose fuertemente detrás de mí por el viento. Si había algún ser viviente quería verlo a plena luz del día.

Me daban miedo especialmente los goznes, esas cosas que meten un ruido tenebroso cuando más nervioso estás. No importa cuánto cuidado puse aquel día, pero en el camino observé que los pinos estaban tristes, y creo que les oí sollozar con la brisa. Puesto que los hombres estaban muy lejos, me aguanté mi miedo para no parecer miedosa a sus ojos. Cuando entré, aguanté estoicamente la llegada de los fantasmas y posiblemente mi energía les asustó, pues ninguno de ellos hizo su aparición. Ese viaje lo hice dos veces, incluso de noche, pero seguí teniendo miedo cada vez que entraba en el granero.

En el verano de 1939 yo tuve un bebé varón y desde entonces todo me parecía menos fantasmal. Quizá fuera que nosotros simplemente estábamos contentos con el bebé y tan ocupados con el trabajo, el lavado, la limpieza y la comida, que manteníamos a los espíritus lejos de nosotros. Mi marido fue a trabajar para Arnold Gnos, a una cabaña de leñadores en un lugar lejano de la colina e insistió en que debíamos dejar ese lugar. Parecía muy interesado, aunque cuando le pregunté el motivo no me dio ninguna explicación. Cuando por fin nos mudamos, di una última mirada a la casa y creí observar un movimiento en la ventana.

Un día, llegó un vecino montado a caballo y dijo que iba a mirar los alrededores del lugar de la Tormenta Vieja y nos preguntó si habíamos vivido allí. Regresó en un par de horas, con el pelo revuelto y visiblemente agitado. Nos preguntó si nosotros «realmente habíamos estado en ese lugar». Llevaba mucho tiempo buscando un lugar para vivir pero nos dijo que «yo nunca viviría allí; de hecho, nunca me he ido tan rápido de una casa como cuando estuve en esa». Ante esta contestación le pregunté por qué o si había oído contar cosas a los habitantes del lugar, pero todo lo que hizo fue sacudir su cabeza y marcharse.

¿Que pasó con la Tormenta Vieja? ¿Apareció una gran llama un día encima de la colina o quizá está ahora habitada por fantasmas? ¿Siguen vivos las gentes del lugar? La casa se quemó ciertamente, no accidentalmente, pues las personas del pueblo se reunieron un día y la quemaron. Parece ser que tuvieron un trato con su dueño y entre todos decidieron arrasarla, pero ninguno ha querido hablar nunca de ello pues saben que parecerían tontos. De cualquier modo, no toleran que nadie vuelva a construir nada en ese lugar. Yo tampoco mostré mucho interés en saber los motivos para quemarla, pero sin olvidar los extraños sucesos la verdad es que cuando estuvimos allí vivimos juntos bastante bien. Los fantasmas, o lo que sea, nos toleraron, pero nadie más podría manejarlos con tanta tranquilidad. ¿Quizá les gustamos? ¿Quién sabe? Ahora que soy más vieja y miro atrás, posiblemente no hubiera podido quedarme allí más tiempo, ahora que sé lo que supone la muerte. Nunca he hablado sobre eso, pero he decidido contarlo. Mi hija recuerda todo muy débilmente, especialmente las cosas buenas, el cachorro, un cerdito, los paseos por el campo recogiendo flores, y quién sabe la relación que ella tenía con Oscar y su pandilla.

Una verdadera historia de fantasmas

Todo el mundo dice que su historia de fantasmas es verdadera, pero yo tengo alguna experiencia en cosas paranormales y los acontecimientos todavía siguen presentes en mi mente casi veinte años después.

Yo tenía una amiga llamada Marie que había estado en la misma clase desde que teníamos ocho años y a quien visité cuando ella estaba con una beca de AFS en los Estados Unidos, justo en mi misma universidad. Nosotras compartimos muchas clases y dedicamos mucho de nuestro tiempo a salir juntas, tal como hacen dos jóvenes rurales en una gran ciudad.

Marie estaba viviendo en una casa nueva situada en un nuevo barrio, compartiendo la casa alquilada con otras tres muchachas: una era un poco más joven, otra era una compañera de nuestra clase y otra que tenía por entonces treinta años. No llevaban mucho tiempo viviendo allí cuando las casualidades empezaron a ocurrir.

Los ocupantes de la casa eran despertados muchas veces con un sonido rascando y golpeando en los lados de la casa, puertas y ventanas. Ellas (siendo cuatro mujeres era lógico) estaban seguras que eran ladrones y por eso avisaron a la policía que investigó sin encontrar nada. Les dijeron que posiblemente los golpes procedían de las ramas del árbol. No había ningún árbol lo bastante cerca de la casa como para que ello pudiera ser posible, pero la policía nunca las tomó en serio.

Más adelante fueron despertadas por el sonido de vidrio que se rompe, como cuando se cae un armario lleno de loza y cristalería al suelo. En la investigación, ellas no encontraron nada, ni siquiera un pequeño objeto roto, por lo que fue considerado como un fenómeno de poltergeist clásico.

Después comenzaron a incrementarse los sonidos y hasta algunos que procedían del teléfono. Sé que esto parece de locos, pero varias veces el teléfono sonaba, ellas contestaban y no había nadie allí, y eso con mucha suerte. Otras veces les llegaban mensajes secretos, como en forma de códigos. En una ocasión una voz de mujer dijo: «Le dices a Marie que yo lo sé.» «¿Que sabes el qué?», preguntó una compañera de Marie (ésta estaba fuera en ese momento). «Sólo le dices que yo lo sé», dijo la voz. La línea se cortó. Cuando Marie volvió a casa y le contaron la conversación, nadie pensó en un bromista telefónico e, incomprensiblemente, solamente se les ocurrió hablar de fantasmas y la posibilidad de acercarse a un sacerdote para realizar un exorcismo o algo similar en la casa.

Marie había leído sobre los experimentos de Raudive relativos a este tema, y las cuatro muchachas decidieron probarlo. Grabaron esa noche el ruido ambiental de su casa mientras dormían, y cuando escucharon la cinta resultante las voces y sonidos eran tan reales que producían escalofríos. La siguiente noche quisieron estar presentes; para descartar la idea de un bromista, pusieron una cinta nueva en el casete y se sentaron calladamente en una esquina del salón. Lo hicieron bien lejos de la grabadora, en una de las esquinas, pero de modo que podían ver el aparato y todo el cuarto. Eso lo hicieron durante diez minutos y cuando escucharon la cinta se pudo oír un ruido de fondo débil no identificado nunca con el sonido del propio motor del casete. Lo que se percibía con cierta claridad era el susurro ocasional de alguien al cambiar de posición, toses calladas, cuchicheos, etc., como si alguien estuviera sentándose encima del micrófono, respirando muy ruidosamente y todo le supusiera un gran esfuerzo. Era la misma clase de respiración que suelen tener las personas obesas o los asmáticos, pues era irregular y con ciertos silbidos en el pecho.

Nadie supo aportar ninguna explicación para el sonido, pues no había nadie más en la casa y nadie sabía que esa noche se iba a efectuar el experimento, pues lo decidieron durante la cena. Además, ellas estaban lo bastante cerca de la grabadora y no había posibilidad de que alguien más hubiera podido estar simultáneamente en el salón.

Pero aquí no acaba la historia:

Para resolver el asunto pensamos que lo más fácil y barato era realizar una sesión de espiritismo con una tabla oui-ja hecha de cartas escritas en pedazos de papel puestos en un tablero y usando un vidrio como indicador. Esperábamos averiguar la identidad del fantasma y por qué había elegido esa casa y sus ocupantes. Yo había estado envuelta en esta clase de sesiones antes, al principio como «cosas de niños» y después como un «juego para las fiestas» semiserio (aunque también para averiguar sobre los fantasmas). Suelo ser cauta en el trato con los espíritus pero cuando participé en sesiones de oui-ja, parecía tener «maña» para hacer preguntas correctas a los espíritus. De esta manera lográbamos respuestas concretas y ahorrábamos al espíritu (y a nosotras) mucho esfuerzo evitando deletrear respuestas largas. Las compañeras mayores también consideraron que el mecanismo de la oui-ja era adecuado y que servía también para mejorar nuestra comunicación con las personas.

El resultado de esta sesión fue que el espíritu resultó ser una tía de Marie que había muerto de un ataque cardíaco cuando la propia Marie tenía apenas cuatro años. Como sus padres ya estaban muertos ella no les pudo consultar nada sobre su tía.

Aquella noche dormí en un saco de dormir en la cama de Marie mientras Marie durmió en el suelo al lado de la cama. Vi a una «bruja vieja» en mi sueño que me estaba apretando el pecho para detener mi respiración, pero en el sueño logré apartarla con el pie, al mismo tiempo que pegué un codazo a Marie para despertarla. Creo que esto realmente no ocurrió, pues seguía firmemente escondida dentro de mi saco, pero era muy real. Desde entonces duermo con una bolsa alrededor de mi cuello que contiene varias hierbas frescas que he leído son una buena protección contra los malos espíritus. Si esto es cierto o solamente una tontería no lo sé, pero psicológicamente me ayuda a dormir.

Lo cierto es que en casa continuamos experimentando los golpeteos, vidrios rotos, sonidos y las llamadas telefónicas durante al menos seis meses. Marie se marchó a otro piso con Ana-Marie y yo lo dejé poco después y no volví a tener contacto con ella, aunque de cuando en cuando oigo hablar de ella a un primo suyo (segundo o tercero) que vive en el mismo pueblo que yo y a quien veo de cuando en cuando.

Antes de perder el contacto con Marie y Ana-Marie me indicaron que el «fantasma» las puede haber seguido a su nuevo piso, pues todavía estaban experimentando llamadas telefónicas silenciosas, siempre diciendo la misma frase de «Le dices a Marie que volveré».

Frecuentemente pienso que debo buscar a Marie y averiguar si algo pasó después, pero nunca lo hago. No tengo ninguna idea de lo que pasó con la cinta, aunque unos años después encontré por casualidad a Ana-Marie trabajando en una biblioteca local y me dijo que la cinta todavía existía en ese momento, aunque no tuvimos mucho tiempo para hablar sobre eso.

En ningún momento he pensado que ellas estaban tratando de engañarme pues las conozco desde hace trece años. Ambas fuimos a una escuela muy pequeña, aproximadamente de 120 estudiantes en total, cuando teníamos entre ocho y doce años.

La piedra de amolar

Tengo veintidós años y estudio en la Universidad de Kentucky. Siempre me han fascinado las historias de fantasmas, reales y ficticios. Pienso que tienen algo que ver con la muerte de mi abuelo. Yo estaba sumamente cerca de él y siempre he sentido que me ha protegido y ha tenido una presencia fuerte en mi vida. La historia que está a punto de leer es verdadera.

Una vez que volví del Reino Unido, donde estuve durante un año, me cambié a un complejo de apartamentos llamado Campus Baja, donde tenía un estupendo dormitorio. Todos sabemos lo difícil que es convivir con los vecinos, especialmente cuando se tiene la costumbre de no dejarles dormir a causa de la música o los golpes. Allí me instalé con dos Michaels, uno llamado Michael Collins y el otro Mike Asbury.

Asbury tenía una historia familiar de apariciones fantasmales y cuando su madre vino a visitarle corroboró varias historias de fantasmas que él nos había contado antes. Un día cercano a la Víspera de Todos los Santos, una gran cantidad de alumnos decidió imitar a los espíritus y organizaron una fiesta. Esa noche nosotros habíamos ido a ver dos películas de terror y una vez que terminó nos fuimos a nuestro apartamento. Asbury, Kristie (una vecina del parking) y yo empezamos a contar historias de fantasmas. Asbury y yo somos del mismo pueblo (Flatwoods, Kentucky/Greenup) y él planteó algo que yo no había oído antes. Se refería a una casa llamada «Amoladera».

Según recuerda mi compañero de cuarto hay una casa en Greenup construida alrededor del siglo XIX, blanca, habitada por gente del pueblo, y que en el momento que fue construida probablemente estaba destinada a ser una gran mansión en Greenup. La pareja que la construyó tenía tres hijos. Un día, la pareja estaba fuera cultivando un huerto o jardín mientras los tres hijos se habían ido a nadar en el estanque que había encima de la colina detrás de la casa. El primer hijo se metió y empezó a ahogarse. El mediano se metió en el agua para ayudarle y empezó a ahogarse también. El más joven corrió al jardín para pedir ayuda a sus padres. Cuando ellos llegaron al estanque, los dos muchachos estaban muertos.

Un par de años después, la pareja tuvo una hija y después de eso un día estaban fuera cultivando el jardín mientras los niños estaban en la parte de arriba de la casa jugando en una de las alcobas. Una lámpara de queroseno se volcó encima de la cama y los niños, que se había metido dentro del armario para protegerse del fuego, murieron asfixiados por el humo. Ahora están enterrados los cuatro niños el lado de la colina detrás de la casa. La lápida tiene un retrato de cada niño grabado en ella y cuando la Luna brilla los hace resplandecer de forma extraña.

Asbury nos contó a Kristie y a mí la historia de esa casa de la Amoladera. Después procedió a decirme que muchas personas saben sobre eso y que es una buena excusa para gastar bromas en la escuela y provocar sustos a los compañeros. Asbury me contó entonces un par de sus experiencias.

Una noche Asbury, su novia, Trish, Chad Malone (el quarterback del equipo de rugby de la escuela) y otros, fueron a la casa de la Amoladera para ver lo que había y lo que pasaría si salían los fantasmas. La casa, como he dicho, es sumamente vieja y está muy abandonada. Si uno intenta subir los escalones de la casa, se caerá y se hará daño, pues todo está en ruina. No obstante, estas personas jóvenes que he mencionado alcanzaron su destino y empezaron a rastrear la casa.

Al principio, la luz de la linterna era bastante para hacer feliz a todos, pero se gastó pronto. Asbury decidió que la mejor manera para levantar a los espíritus sería entrar en la casa y explorar. Así lo hizo llevando por luz un simple encendedor. Cuando salió, todos empezamos a mirar fijamente la ventana en el segundo piso. Asbury notó que estaban mirando fijamente algo, se volvió a ver lo que era, y todos vieron, allí en la ventana, una figura gris pequeña que movía sus pequeñas manos por el cristal de la ventana. Como si eso no fuera bastante para asustarles, una figura gris más grande apareció de pronto, en pie encima de la figura más pequeña, y entonces se agachó y sacó la mitad de su cuerpo fuera de la ventana. Todos se quedaron tan asustados que salieron del lugar a la carrera. Chad Malone y los otros nunca volvieron, pero Asbury, Trish, Devon Henson y Brad Frazier retornaron poco después.

La próxima visita de Asbury con sus nuevos compañeros tenía como fin entrar de nuevo en la casa, aunque ahora quería que lo hicieran todos juntos. Entró finalmente con Brad detrás de él y llegaron a la cocina mientras miraba a Brad atrás y decía: «No dejes que entren las chicas aquí. Posiblemente nos encontremos con el infierno y no podamos volver.»

Brad le interrumpió: «¿Qué es eso?» «¿El qué?, preguntó Asbury. Brad no pudo contestarle, pues todos comenzaron a correr fuera de la casa siendo perseguidos por una imagen blanca que tocó a Asbury en su hombro y le persiguió hasta un árbol en el patio delantero. Innecesario decir que ellos no regresaron, salvo Asbury, que volvió solo, pues no pudo resistir la curiosidad.

Pronto llamó a un amigo de nombre Duke Jason, posiblemente el alumno mayor de la Universidad de Dayton en ese momento. Le hablé sobre las historias que Asbury había contado y Duke se mantuvo escéptico, aunque decidió ir a ver la casa para saber dónde estaba la mentira. Así que Duke, Asbury y yo nos pusimos en marcha para visitar la Amoladera juntos, aprovechando el descanso del día de

Acción de Gracias. Debo reconocer que ésta fue una decisión que ha cambiado mi percepción para siempre.

Las pequeñas vacaciones llegaron y nadie se había olvidado de nuestro acuerdo, y menos Duke. Todo lo que teníamos que hacer era esperar a que Asbury se pusiera en contacto con nosotros para que nos mostrara la casa y el modo de entrar. Cuando llegamos a la Amoladera, escondimos el automóvil de Asbury en un camino lateral, aproximadamente veinte metros lejos de la casa, y caminamos hacia nuestro destino. Cuando estábamos caminando hacia la verja, observamos una luz en la ventana del primer piso. Lo consideramos como un reflejo de algún espejo o cristal y, sin perder de vista fijamente la luz (que yo pensé era una vela), procedimos a abrir la verja del patio.

La casa dista del camino aproximadamente unos treinta metros o más y el propio camino no llega hasta la entrada. Tuvimos mucho cuidado para no hacer ruido y despertar al conserje. Una vez que logramos entrar en el jardín, un ruido procedente del interior de la casa nos llegó con claridad. El sonido se describe mejor como un silbido fuerte y un zumbido al mismo tiempo. Cuanto más cerca estábamos de la casa, el ruido se hacía más intenso. Lo que pasó luego me alegro de poder contarlo y de no haber sido testigo directo.

Duke y Asbury decidieron entrar en la casa. Asbury encendió su minúsculo encendedor y ellos se acercaron a la puerta. Yo me quedé fuera porque me asusté de muerte y me dieron ganas de vomitar. Mientras ellos estaban dentro, yo miraba las ventanas y la puerta. El ruido era cada vez más intenso y nos volvía locos. De repente, noté ciertas distorsiones en el sonido y la luz, que se describen mejor como el ataque de una nave de presa *Klingon* atacando al *Enterprise*.

Las distorsiones me impidieron seguir avanzando, pero ellos ya estaban al lado de la puerta. Asbury y Duke volvieron pronto conmigo y los tres nos quedamos de pie delante de la casa buscando alguna señal de actividad paranormal. Le pregunté a Mike: «¿Ves las distorsiones que están ocurriendo?» Aunque el asintió, posteriormente lo negó Duke. Entonces las distorsiones empezaron acercándose a nosotros y corrimos hacia el automóvil. Cuando cruzamos la verja en una veloz carrera, yo seguí observando de lejos la primera ventana alumbrada por una vela. Finalmente, la vi de nuevo, detuve a mis amigos y dije: «El modo en que parpadea la luz me dice que no se trata de una vela.» La mandíbula de Duke se cayó virtualmente a tierra y Asbury apenas se atrevió a mirar fijamente la vela en la ventana cuando dijo: «Tienes razón.»

Todos dejamos atrás la Amoladera con el alma y el corazón aún encogidos y tan asustados que nos sentíamos enfermos. Yo nunca he vuelto a la Amoladera, aunque he tenido deseos de hacerlo. Duke, hasta el momento, ni siquiera ha vuelvo a hablar de aquella noche con nadie.

ABDUCCIONES Y ALIENS

Lo que van a leer es una comunicación telepática que se recibió el 11 de junio de 1996. Otras personas pueden haber recibido mensajes similares, pues posiblemente algún tipo de poder está tratando de fortalecer este conocimiento en la conciencia de masa.

No tenga miedo. El miedo detiene la intuición y el fluir de la energía de amor e interfiere con los mensajes positivos que nos ayudan y apoyan en nuestra evolución hacia los niveles más altos de conciencia.

El mensaje

«Soy un visitante de dos metros de altura, ojos color castaño claro, grandes, barbilla estrecha.

Venimos porque nuestra identidad está usándose impropiamente. Nosotros no tomamos a nadie, no experimentamos con humanos. Estamos siendo 'copiados' por seres de este planeta que usan nuestra identidad para sus propios experimentos genéticos.

Nosotros le hablamos de un ser de poder que está ahora en la Tierra. Su nombre es Zaanen, aunque creo que en realidad se trata de Pleiades.

Estamos aquí para ayudar a los moradores de la Tierra a evolucionar para que puedan llegar hasta nosotros. No somos aquellos que ustedes conocen como Ones Altos, sino que somos parte del Gran Proceso de Unificación.

Hay tres Ones ahora: Ojak, Kareetha y Zaanen.

Decimos la verdad sobre un ser poderoso y creativo. Lo reconocemos como un líder de Verdad y Poder.

Nos comunicamos telepáticamente y no dañamos a las personas. Tenemos nuestra propia esfera como morada y no deseamos morar en su planeta.

No escuchen a esos líderes mundiales que desean asustar a las personas para que, a causa de su miedo, no presten atención a formas más altas de comunicación y ayuda.

Les agradecemos que nos hayan escuchado.»

Estos seres quieren que personas de la Tierra actúen como intermediarios para que sean conocidos, evitando así que les sigan culpando por los experimentos dirigidos por personas de la Tierra. Quieren nuestra ayuda.

Actúan mientras las personas están durmiendo y les inculcan sentimientos y creencias aprovechando la debilidad de su intelecto en estos momentos.

Ha habido visitas durante mucho tiempo en este planeta para inspeccionar el progreso y ver qué ayuda puede darse en las distintas esferas para acelerar el despertar. Cuando usted es consciente, el resultado de la manipulación no es total, pues la conciencia puede llegar a dominar el temor. Con los cambios que tienen lugar ahora a lo largo del universo, la oportunidad para alcanzar otras civilizaciones está más cerca. Este aspecto y el trabajo que está haciendo ese grupo son el poder disponible para efectuar el cambio.

La teoría

Para abreviar la teoría sobre el rapto hay que seguir el camino abierto por Bertrand Méheust (*Ciencia-ficción y platillos volantes*), agrandado y enriquecido por los hechos concretos relatados por Marie Thérèse de Brosses (*Preguntas sobre raptos extraterrestres*). Ambos son un «virtual» y «onírico» guión que no involucra a extraterrestres reales. Sin embargo, nada explica cómo un escenario onírico (soñado), obviamente procedente de una fuente psicológica, puede tener el poder de producir efectos físicos notables (rastros, manchas, marcas grandes, «implantes», compañeros de sueño...) y ser experimentado de una manera tan realista.

Para este propósito habría que realizar una nueva interpretación de la física conocida, sin modificarla, pero permitiendo interrelacionar con la conciencia, y «la realidad alternativa» de las experiencias. Esta teoría se resume en *El Rapto Callado* pero explicado con detalle en *Epistemología General*.

Hay que señalar que el volumen del rapto puede dominarse, tanto como podemos dominar nuestra propia psicología. Esto puede llevarnos a crear un «universo alternativo» donde las gentes puedan encontrarse juntos en una vida con muchas más posibilidades que nuestro mundo usual.

Rapto silencioso

Publicar algo nuevo sobre los raptos es una cosa difícil, pues se ha hablado tanto sobre ello que posiblemente nadie sienta interés por el asunto. También puede ocurrir que se digan cosas estúpidas, más que verdades.

Esta hipótesis de rapto es nueva, y probablemente no sólo pretende traer un entendimiento real de los fenómenos, sino que en el futuro permitirá un mejor dominio del tema. Pero su efecto principal y más interesante puede ser dispersar el aura envenenada de terror y fantasía que ha estado unida con estos fenómenos y ha evitado que los entendiéramos realmente. Y no importa si algunos se asustan con semejante vista pacífica.

Hay normalmente dos tipos de hipótesis para explicar los fenómenos extraños, como ovni y raptos:

1. Hay una explicación racionalista, conocida como reducción psicológica que intenta explicar (traer a la realidad) todas las observaciones físicas o los experimentos como errores psicológicos o problemas, o simplemente una mala interpretación de fenómenos naturales. Semejante hipótesis es débil con las evidencias físicas, evidencias estadísticas, o las comunicaciones inexplicables entre los experimentadores. La opinión común es que los partidarios de semejante hipótesis actúan con motivos ideológicos y realmente no buscan la verdad.

2. La segunda hipótesis es conocida como la hipótesis extraterrestre: todos los fenómenos extraños se explican como acciones de extraterrestres que usan alta tecnología desconocida que parece violar todas las leyes físicas conocidas. Tal hipótesis está consiguiendo un fuerte apoyo del público y da testimonio de numerosos hechos, pero para los científicos también muestra rasgos absurdos y rumores incontrolables, por lo que esta hipótesis les parece más débil. Para sus detractores se trata simplemente de sectas o chiflados que hablan de naves espaciales y que

intentan proponer una hipótesis falsa para enrique-
cerse.

Más sutil es la idea de Bertrand Méheust, quien dice que
los guiones se originan en nuestras mentes, pero permitiendo cierta realidad física en las observaciones. Esto es
opuesto con la explicación racionalista, que no permite la
realidad física, aunque nadie ha intentado explicar cómo un
rasgo de la mente puede crear efectos físicos.

Lo que se propone es una explicación intermedia que nos
lleve a una nueva conclusión: si el fenómeno se origina en
nuestra mente, posiblemente podamos dominarlo a través del
control de nuestra propia mente. Si tenemos éxito en este dominio, podemos incluso ir «creando» nuestra propia «realidad
alternativa» y disfrutar así de placeres y felicidad, y evolucionar como ni siquiera podríamos soñar en la vida ordinaria.

Nuevas teorías y posibilidades

La mayoría de los lectores pueden sentirse defraudados
por no encontrar extraterrestres reales en esta teoría. Hace
algunos años, había muchas personas atentamente envueltas
en la investigación ovni, con la mente puesta en la esperanza
de encontrar extraterrestres que nos indicasen un nuevo
camino en la evolución. Esto indudablemente supondría un
adelanto científico y espiritual en nosotros que solamente
nos podría traer beneficios increíbles a la humanidad. Pero
esta esperanza para encontrar extraterrestres a través del
fenómeno ovni se marchitó con el tiempo, y la hipótesis
alien fue cada vez más intrincada e increíble. Pero la decep-
ción ha terminado: hay una hipótesis que puede traernos el
dominio de un nuevo estilo de vida «virtual» del mundo; por
lo menos tan excitante como un encuentro real con extrate-

rrestres. Esta hipótesis es racional y científica, pues trata conceptos como conciencia, influencia de la mente sobre la materia y nuevos sentidos.

La mayor discrepancia surge con la oposición artificial hecha entre lo exacto y lo objetivo, entre las ciencias exactas como la física y las matemáticas, y el concepto de dominio espiritual, el cual puede ser un campo abierto para las creencias, dogmas, fantasmas, sectas y otras especulaciones. Si nosotros eliminamos el dogma de que sólo puede existir la materia, y con métodos apropiados (adaptados de métodos conocidos en física y matemática, o nuevos métodos especiales), también podemos emprender un acercamiento racional y objetivo en dominios como espiritualidad, ética, parasicología y otros fenómenos inexplicados. También descubrimos que el conocimiento y los métodos de tradiciones espirituales serias pueden mostrar razones verdaderas y eficaces.

Hay que evitar, especialmente, confundir realidad con materialidad y permitir explorar todos los dominios de la realidad sin discriminación. Al leer revisiones científicas, observamos que cada vez más científicos parecen interesados con semejante agrandamiento del conocimiento, algo que los verdaderos espiritualistas también aprobarán, junto con otros que solamente buscan la felicidad y el entendimiento de la vida humana. Los únicos perdedores serán los viejos sectarios, los científicos racionalistas, las sectas y los que mezclan en la historia espiritualidad con ficción.

Conceptos confusos

Es necesario que el lector sepa hacer un uso adecuado de las palabras «racional», «racionalidad», «ciencia» o «científico», cuando intenta explicar la mente correcta, y «racionalismo», «racionalista», «paranormal» o «paraciencia» para mencionar una actitud sectaria equivocada.

- Racional se refiere a la razón y se dice de las cosas que se determinan o establecen por la inteligencia, y no por los sentidos. Pero **la inteligencia está condicionada por el conocimiento y la memoria**, por lo que cambia según evoluciona culturalmente el hombre, lo que lleva a numerosos errores en un momento dado.
- Ciencia es el conocimiento cierto de las cosas por sus principios y causas. Por deformación se extiende al saber y la erudición, pero **un científico equivocado es mucho más peligroso que un ignorante**.
- El racionalismo se basa en la omnipotencia e independencia de la razón humana y se funda en las creencias religiosas. Otorga un poder ilimitado a la razón y, como no está condicionada por la ciencia, sus conclusiones perduran con el paso del tiempo y las modas.
- Paranormal es un término para referirse a los fenómenos y problemas que estudia la parapsicología, que es, a su vez, el estudio de los fenómenos y comportamientos psicológicos de cuya naturaleza y efectos no ha dado hasta ahora cuenta la psicología científica. Entre ellos están la telepatía, levitación, etc. Como no puede aportar experiencias fáciles de reproducir, sus conclusiones son cuestionadas por los científicos.

Posiblemente sea mejor emplear la palabra «subjetivo» que significa una experiencia personal que no puede compartirse, sin cualquier connotación peyorativa ni restrictiva. En oposición, «objetivo» significa lo material, como de costumbre, pero también posee un significado más raro: la experiencia, incluso de la mente, que puede compartirse entre varias personas o puede ser reproducida por varias personas. También se puede emplear la palabra «testable» (realizado por una o varias personas), en lugar del ambiguo «fiable» pues este último da credibilidad a las personas pero no a los hechos.

Los científicos también permiten explicar de una manera racional cómo la conciencia puede existir sin ser reducida al campo de la psicología, o el funcionamiento de las neuronas de un cerebro material sin necesidad de invocar ninguna hipótesis misteriosa ni fenómenos inexplicables. También nos explican, para convencernos, que la conciencia puede interferir con la materia para crear una gran variedad de fenómenos parapsicológicos o inexplicados, permitiendo que sus creyentes lleguen a un acercamiento racional.

Las hipótesis actuales sobre los raptos por alienígenas están apoyadas en la tesis de Bertrand Meheust, publicada en 1978, en la que explica que los OVNIs son la expresión de «los arquetipos» existentes en una colectividad inconsciente, conceptos confusos que están en oposición a las teorías del psicoanalista Jung. Pero es probable que la teoría de Bertrand Meheust explique la imagen y volumen de los guiones conocidos sobre OVNIs y rapto experimental, pero no cómo y por qué estas experiencias pueden volverse reales para una persona, ni cómo puede crear interferencias con la materia (fotografías, radar, rastros, implantes, cicatrices...). Ningún psicólogo ni teoría racionalista puede hacer esto, y sólo una mente sin condicionantes es capaz de unir la mente con el espíritu, el raciocinio con las sensaciones.

Un rapto masivo el 8 de diciembre de 1992

A finales del verano de 1992, Derrel Sims, principal investigador para la Houston UFO Red, llevó a cabo un plan para establecer comunicaciones con raptores extranjeros. Esto se lograría por medio de sugerencias hipnóticas implantadas en las mentes subconscientes de varias personas con historias de raptos múltiples. El intento era, si alguna de estas personas fuera raptada de nuevo, que las sugerencias hipnóticas les permitirían recoger datos y/o establecer contacto más positivo con los àliens.

En noviembre de 1992, el sujeto DS92007PH fue raptado. El asunto mantenido en su memoria consciente durante una cantidad justa de tiempo en el rapto, no debía impedir que interfiriera en su mente inconsciente. Había que procurar que los datos no se desintegrasen al llegar de nuevo a su lugar de origen. Lo habitual es que la persona llegue con un estado mental deteriorado, en el cual ya no tiene recuerdos conscientes del evento.

Al principio del rapto, la persona pudo comunicarse con los forasteros, aunque ellos no parecían estar inclinados a comunicar o revelar mucha información. Cuando los forasteros estaban completando sus preparaciones para el examen, el filtro aportado en la mente del sujeto debía establecer el control. Los forasteros empezaron a reforzar sus esfuerzos para «desintegrar» su memoria. En un último esfuerzo para mantener la conciencia y la comunicación, evitando que su memoria fuera borrada, les dijo bruscamente: «Nosotros sabemos lo que están haciendo... sabemos muchas cosas sobre ustedes...» Esta declaración parecía evocar una reacción por parte de los forasteros y ocasionó los eventos que siguen.

Empezaron el 8 de diciembre de 1992, y el sujeto DS-92002DM informó que había experimentado un sueño o una posible escena retrospectiva sobre un rapto que había ocurrido cuando era niño y vivía con sus padres. Después de tener otras manifestaciones físicas que acompañaron a sus primeros raptos, se dio cuenta que el rapto ciertamente había tenido lugar. Una de las señales habituales en los abducidos es que les sangra la nariz frecuentemente y tienen dolores en el pecho.

El jueves, 10 de diciembre, varios abducidos fueron cuestionados por el público sobre sus experiencias. Para la mayoría de ellos era muy incómodo y no tenía sentido alguno hablar sobre su experiencia o los raptos, aunque esa reunión fue bastante bien.

El viernes por la mañana, 11 de diciembre, muchos de los abducidos (la mayoría de quienes habían tenido la conferencia anterior) despertaron, observando que la nariz había sangrado durante la noche. Casi todos tenían dolor en el pecho y después de uno o dos días casi todos tenían frío en la cabeza y gripe.

El sujeto DS92009LT se despertó el día 11 con una irritación en un ojo. Mientras se frotaba su ojo, un objeto pequeño (con el tamaño de una semilla de mostaza) salió de su ojo. Una persona llamada Derrel Sims recogió el objeto.

Este objeto fue fotografiado y ha estado sometido a análisis actualmente. El objeto parece estar envuelto en un plástico de color rojo y recuerda la forma de un huevo con un extremo abierto y nada dentro.

En el mismo día, el sujeto DS92002DM despertó, descubriendo que tenía sangre en la nariz (la primera vez en más de veinte años). Él también llamó a Derrel Sims para hacer arreglos inmediatos en una sesión de hipnosis. El domingo, 20 de diciembre de 1992, ambos se sometieron a una regresión hipnótica para analizar su encuentro con los aliens.

Un caso importante

El evento ocurrió la noche del 10 de diciembre, la noche que afirman existió una concentración de naves extraterrestres. Algunos comentan que cuando estaban durmiendo esa noche fueron despertados por forasteros en su alcoba que, en un procedimiento muy rápido, les pusieron un injerto nasal en la fosa izquierda. Una vez bajo hipnosis, varios de los abducidos informaron de eventos similares.

El 8 de diciembre, el sujeto DS92002DM se despertó bruscamente y observó una llamarada luminosa de luz (no hubo a continuación ningún sonido de trueno). El sujeto rodó encima de su cama y vio a un forastero gris pequeño «llevando un cinturón con arnés». Percibió en su mente que el forastero le decía que saliera fuera, donde una luz azul-blanca estaba brillando en una zona de la Tierra. Le pidieron que se mantuviera de pie en la luz, y un momento después se encontró en un cuarto redondo grande, aproximadamente del tamaño de un gimnasio de escuela secundaria.

Le indicaron que se desvistiera y le llevaron a otro cuarto a través de una serie de corredores y pasadizos. Parte del tiempo lo hicieron caminando, pero principalmente fueron transportados por un medio desconocido para él, quizá flotando o en un portador.

Posteriormente llegaron a un cuarto pequeño donde otros forasteros estaban presentes. Le hicieron un examen físico rápido y entonces un humano, o al menos lo parecía, entró en el cuarto (en otros raptos anteriores nunca había encontrado a un humano). El humano hizo varias preguntas acerca de cómo y cuándo le habían abducido con anterioridad, pues sabía que le habían raptado antes. También le preguntaron cómo se encontraba físicamente después de la abducción y si sabía de otros humanos igualmente abducidos.

Al humano le pidieron que les señalara dónde estaba situada la mente subconsciente, pero cuando les respondió que era incapaz de indicar una situación, recibió una imagen mental de otro abducido (DS92007PH) en un estado de animación suspendida y tuvo la impresión de que estaba siendo sometido a las mismas preguntas. El humano se fue y la persona fue llevada a otro cuarto.

Este cuarto parecía ser algún tipo de despacho o cuarto de conferencias. También era redondo, pero la iluminación y los muebles eran bastante diferentes. Varias formas de vida extranjeras entraron en el cuarto, y el último ser era uno con apariencia humana. Los forasteros grises pequeños dejaron el cuarto pero los dos más altos se quedaron.

El interrogatorio se centró de nuevo acerca de la naturaleza de la mente subconsciente y a su conocimiento de sus raptos y otros abducidos. Después de cada pregunta se mostraron imágenes de otros abducidos, a quien pudo verlos juntos en un cuarto. Estaban desnudos y parecían no percatarse de nuestra presencia. Cada uno parecía estar en un estado de alucinación y se comportaban como si hicieran una representación.

Él se dio cuenta de que los otros abducidos estaban siendo «accedidos» por los forasteros por algunos medios que estaban efectuando las mismas preguntas que a él. El hombre se dio cuenta de DS92007PH, quien estaba en una situación diferente a la suya y a los otros. Se percibía que los aliens intentaban el «acceso» a su mente para recuperar información. Se percibía también un debate que estaba teniendo lugar entre los forasteros acerca de si los experimentos debían continuar o si era mejor cambiarlos teniendo en cuenta los recientes eventos (abdución colectiva y conocimiento de los raptos por otros humanos).

La discusión se centró sobre los procedimientos impropios que efectuaban unos aliens determinados. En un momento dado, cuando DS92002DM y otro abducido eran explorados al máximo por los forasteros, se supo que otros abducidos no sabían de esa presencia abundante de humanos allí.

Este pensamiento fue percibido por un humano que parecía sorprendido, pues el asunto se estaba complicando. Inmediatamente, dos aliens entraron en el cuarto y tomaron el control de las actividades, pues criticaron que no eran capaces de recoger adecuadamente los pensamientos de los humanos.

Uno de los aspectos más interesantes de este caso pertenece a una pregunta efectuada a DS92002DM por los forasteros. En un momento dado le preguntaron lo que sabía sobre un proyecto gubernamental llamado «Proyecto Prometheus».

Cuando la reunión parecía estar acabando, un alien le preguntó a un humano qué le «gustaría hacer», a lo que le respondió que le gustaría ir con ellos, una sugerencia sumamente rara. La respuesta fue que eso era «imposible» pues se contaminaría, sin especificar si era física o mentalmente.

El humano fue llevado a un cuarto lateral donde le mostraron una clase extraña de mapa o diagrama que no entendía y que era lo contrario a cualquiera de los habituales. Fue llevado entonces por los aliens «Castaños» a través de varios cuartos a otro laboratorio, donde le pusieron un injerto nasal después de sacar el anterior. Finalmente, le entregaron su ropa y le dejaron en su casa.

Conclusión

También hipnotizaron a DS92009LT y DM92003JA que habían informado de un rapto efectuado el 8 de diciembre, y que habían estado en un cuarto con otros, así como a DS92034LC, que todavía mantenía recuerdos conscientes de esa experiencia.

Es interesante notar que todos los abducidos en las «experiencias del grupo de los cuatro» percibieron eventos diferentes aunque paralelos. Uno creyó que había muerto y había estado con su hermano muerto (poseedor de ojos extraños). Otro pensó que estaba con Dios enfrente y que no podía ver debido a una niebla que sólo le permitía ver su forma. Todos los individuos informaron estar desnudos.

Un abducido que se sentía hambriento dijo que le sirvieron comida en vajilla de plata y cuando se le pidió que mirara la vajilla de plata bajo hipnosis, no se trataba en absoluto de ninguna vajilla de plata y en su lugar describía objetos extraños imposibles de identificar.

Cada uno de los abducidos parecía estar narcotizado o en estado de alucinación. Esta condición física pareció aliviarse cuando les llevaron a otro cuarto para examinarlos y ponerles los injertos nasales y oculares.

Algunos también han informado otras experiencias, aunque el número total de abducidos en cada evento no se conoce con seguridad.

Se puso un gran cuidado en las primeras fases de la investigación para tener la seguridad de que los asuntos de ese momento no se mezclasen con los otros eventos. Con la hipnosis solamente se perseguía lograr unas descripciones similares de los eventos en cada uno de los cinco individuos, evitando que entre ellos se cruzase información que les condicionase.

La importancia de este evento no puede pasarse por alto. Se demostró que los injertos se pusieron deliberadamente en los abducidos y habían sido quitados un día después. Sin embargo, por primera vez en la historia del fenómeno de rapto por extraterrestres, los abducidos parecen haber capturado la atención de los raptores.

De hecho, los propósitos para los raptos son:

1. La inserción de un dispositivo esférico de tres milímetros a través de la cavidad nasal del abducido en el cerebro. El dispositivo se usa para supervisar biológicamente al individuo y rastrear sus movimientos, aunque hay quien piensa que también es para tenerle bajo control telepático.
2. La aplicación de un programa posthipnótico para llevar a cabo una actividad específica durante un periodo de tiempo concreto que les permitirá una acción más intensa dentro de dos a cinco años.
3. Utilizar algunas personas para que pudieran funcionar como fuentes vivientes para el material biológico.
4. Finalmente, eliminar a los individuos que representen una amenaza para la continuación de su actividad.

Efectos de los experimentos:

1. La impregnación de hembras humanas y la terminación acelerada de embarazos para afianzar al infante la nueva casta cruzada.
2. Los implantes ocasionan un desorden genético que atrofia el sistema digestivo y lo deja sin función. Algunos médicos no creyentes en OVNIs aseguran que, en realidad, tuvieron algún tipo de accidente o guerra nuclear (?), o posiblemente la causa sea una curva genética evolutiva.
3. Para lograr el cambio usan una enzima o secreción hormonal obtenida del tejido que ellos extraen de los humanos y animales. Es importante recordar que las vacas y los humanos son genéticamente similares. En caso de un desastre nacional, la sangre de vaca ha sido usada en las transfusiones.

Algunas investigaciones importantes

Las mutilaciones ganaderas que se han detectado a lo largo del periodo de 1973 a 1983 y publicadas en los periódicos y las revistas, han sido objeto también de un documental producido por Linda Howe para la CBS, en el cual se muestra una colección de objetos desconocidos. Las mutilaciones incluyen a los genitales, el corazón, el colon, ojos, lengua y garganta que fueron extirpados con extrema precisión. En algunos casos las incisiones fueron hechas cortando entre las células, un proceso que para nosotros es todavía imposible.

Las mutilaciones humanas han sido mencionadas frecuentemente, y el primero que lo hizo fue el sargento Jonathan P. Louette en 1956, quien fue encontrado tres días después de una misión por el comandante de las fuerzas aéreas en medio del desierto. Dijo que había sido objeto de un rapto por un objeto volante en forma de disco a las 3.00 a.m. mientras buscaba los restos de un proyectil. Sus genitales habían sido extirpados, el corazón tenía alojado un dispositivo extraño, el colon tenía una especie de «tapón», le habían quitado los ojos y todo ello sin dolor y sin rastros de sangre.

Antes de la «Gran Depresión» se descubrieron numerosos casos de presencia extraterrestre, pero existía un meticuloso plan para controlar la información al público. De esa época todavía se conservan algunos documentales.

William Moore, de Burbank, California, investigador de ovnis, escribio *La Casualidad de Roswell*, un libro publicado en 1980, en el cual detallaba la caída, recuperación y encubrimiento de un ovni con cuatro cuerpos extranjeros. Para confirmar sus datos, aportó una cinta de vídeo de dos periodistas que entrevistaban a un funcionario militar asociado con el MJ-12. Este funcionario del ejército contestó que existía una relación con la historia del MJ-12 y la recuperación de varios platillos volantes y la existencia de un alienígena vivo. Parece ser que se capturó vivos a tres extraterrestres a los que se nombró EBE-1, EBE-2 y EBE-3, y el lugar de captura fue la zona YY-II, en Los Álamos, Nuevo Méjico.

Otra cinta de vídeo que demuestra la existencia de extraterrestres es una entrevista con un EBE. Su facilidad para comunicarse con nosotros telepáticamente permitió un largo diálogo con un coronel de las fuerzas aéreas. En esa ocasión, efectuada en octubre de 1987, se había invitado a varios periodistas, incluso a Bill Moore, de Washington D.C., para filmar personalmente al EBE y poderse mostrar posteriormente al público. Al parecer, debido a ciertas presiones, el resultado no fue correcto y nunca se llegó a mostrar. En todo caso, parece ciertamente un método inadecuado para informar al público de la presencia de extraterrestres, pero estaría siguiendo las directrices gubernamentales para evitar causar pánico colectivo a la población.

Si el filtro gubernamental trataba de impedir cualquier información sobre los ovnis o la creencia de que existen extraterrestres entre nosotros, no fue suficiente para impedir que se mencionasen los avistamientos ocurridos en noviembre en Wytheville, Va. Estos hechos fueron publicados en el libro *Sitio Nocturno* por la editorial Ballantine Books, de Nueva York. Teniendo en cuenta las fuertes presiones del gobierno y las intenciones evidentemente hostiles de los extraterrestres, parece razonable que no se publiquen datos sin que estén minuciosamente confirmados y contrastados. **Informar sobre las mutilaciones y los raptos no siempre es beneficioso, especialmente si resulta casi imposible confirmar los hechos.**

1952, la casualidad

En julio de 1952, el Gobierno observó con terror la aparición de un escuadrón de «platillos volantes» volando encima de Washington, D.C., y sobre el tejado de la Casa Blanca, el Capitolio y el Pentágono. Pero fue tanta la presión que recibió el Gobierno por parte de los políticos y el ejército, que tuvo que minimizar el acontecimiento y referirse a ello como «maniobras de la aviación».

INVESTIGACIONES SOBRE LOS RAPTOS

Las citas siguientes son el resultado de una investigación realizada por Nicholas Reiter. Nicholas es un graduado en la Universidad Técnica y un técnico en la investigación profesional para lograr mejores células solares en una empresa industrial. Tiene treinta años y ha estado interesado en los fenómenos ovnis toda su vida. Este informe es el resumen de su investigación y fue publicado en el Boletín de David Gotlib como una experiencia anómala bajo el título de *Contestación de un injerto magnético, El magnetismo, Raptos de ovnis y anomalías*. Nicholas no pertenece a ningún grupo de buscadores de ovnis y ha estado envuelto en esta investigación durante los últimos tres años. Algunas de las siguientes citas y pasajes proceden directamente de fuentes fidedignas.

Nuevas observaciones, que pueden ser descubrimientos muy significativos con respecto a los raptos, son las investigaciones sobre ovnis y control mental efectuadas en el otoño de 1990. Estas pruebas y experimentos fueron realizados por Nicholas Reiter y un colega en el área de Dallas con abducidos serios, usando técnicas que pueden reproducirse fácilmente.

Objetivos de los experimentos:

- ¿Puede analizarse el rapto por ovnis en los términos de la tecnología específica?
- ¿Puede averiguarse el implante de los dispositivos, revocados bajo hipnosis, descubrirse objetivamente, estudiarse y posiblemente ser neutralizados por algún sistema eléctrico, magnético u otra forma de energía?
- ¿Puede desarrollarse un sistema de defensa contra los efectos de estos implantes?

Reglas para investigar y experimentar

- Allí existe una inteligencia, de origen y naturaleza desconocidos, que está llevando a cabo una agencia de experimentación, manipulación y/o adquisición de recursos que usan a la raza humana actualmente, o aciertos miembros, como asuntos involuntarios.
- Esto está llevándose a cabo con el uso de tecnología muy avanzada.
- Esta tecnología parece estar, por lo menos parcialmente, basada en formas de energía, o relaciones de energía-materia actualmente desconocidas para la física clásica.
- La raza humana tiene el derecho innegable para defenderse de ellos con habilidad, especialmente contra el rapto.

Los experimentos

El primero de los experimentos intentaba encontrar medios para conseguir una contestación objetiva tangible de los dispositivos injertados en los raptos. Lo primero que se percibió fue una «rara» sensación en los voluntarios cuando un gran imán (con densidad de flujo aproximada de 2.000 gauss) de herradura se mantenía cerca de los voluntarios. Bajo hipnosis, el voluntario había recordado a los forasteros «haciendo algo en ellos». La sensación era extraordinaria, vívida y perturbadora. Parecía ser algo mental y fisiológico en su naturaleza y en términos más cercanos originaba pánico, un sentimiento mental de terror o aprehensión extrema, acoplado con una aceleración del pulso y la transpiración. El voluntario (V#1) dijo que la contestación de pánico parecía reproducir el sentimiento que había tenido en el pasado.

Un electroimán grande (1.000 giros de #14 AWG envuelto alrededor de un centro férrico) sustituyó al imán de herradura. Este rollo dio energía a los dos con 110 VAC y después con 6 VDC, en pruebas diferentes. La respuesta hacia los dos era más pequeña en magnitud que el imán de herradura, aunque los síntomas eran los mismos.

Mientras se usaba el imán de herradura se puso un pedazo de acero entre los polos para desviar el flujo magnético lejos de cualquier región externa del imán. Esta prueba fue realizada para determinar si las líneas de flujo reales estaban envueltas en la respuesta o si estaban generadas por los efectos del imán.

La respuesta (de ahora en adelante mencionada como Respuesta al Injerto Magnético o MIR) parecía aparecer primero cuando el imán se movía dentro de las 18 pulgadas alrededor del injerto del sujeto. Cuando la distancia era menor, la intensidad aumentaba.

Nicholas y AR empezaron probando a otros voluntarios en enero de 1991. Antes esta investigación sólo estaba realizándose con la ayuda de V#1. El 8 de enero probaron a otro voluntario, pero no se permitió ninguna comunicación entre V#1 y V#2. Los síntomas experimentados por V#2 eran idénticos a los de V#1.

Durante los meses siguientes, se probaron otros dos voluntarios. V#3 mostró una reacción positiva con síntomas consistentes. V#4, sin embargo, no filtró ninguna respuesta o sensación.

Nicholas y AR empezaron investigando la naturaleza de los raptos experimentada por todos los voluntarios. Ellos encontraron que V#1, V#2 y V#3 eran «clásicos» abducidos, aunque sus experiencias específicas y pruebas eran diferentes. Cada uno recordó, durante su regresión, despertarse con recuerdos intensos, los mismos fenómenos experimentados por aquellos que han sido raptados repetidamente (por ejemplo, entidades grises, protocolos casi-médicos, posible inserción del injerto, etc.). En cuanto a V#4's su experiencia del rapto realmente «no era normal» y podía involucrar fenómenos diferentes.

Se decidió que la investigación debía continuar entonces. La segunda fase de la experimentación continuó. AR informó de lo siguiente: se puso a V#1 en una silla y se probó la MIR. Los resultados eran positivos. A una distancia de 18 pulgadas se lograban unas respuestas magnéticas muy intensas. El magnetismo se conectó y se le dejó operar durante varios minutos (ajustándose para producir una descarga adecuada). Se verificaron de nuevo después de 24 horas y los resultados fueron negativos. El efecto anulado duró aproximadamente seis días. Cuando volvió estaba muy disminuido y en la observación se vio que el MIR no había sido eliminado, pero estaba de alguna manera amortiguado.

Se realizaron las mismas pruebas con V#2 y los resultados fueron idénticos. El MIR cesó durante el mismo periodo de tiempo.

Otro efecto interesante que se percibió en V#1 fue cuando estaba en su casa. En varias ocasiones, específicamente en ciertas tardes, V#1 percibía que las entidades estaban cercanas. Encontró que manteniendo activa la inducción magnética la sensación desaparecía, como si el aparato estuviera rompiendo o ahuyentando la fuerza invisible.

Esto concluye los estudios realizados por Nicholas Reiter con AR.

Nuevos experimentos

Nicholas ha continuado su investigación, aunque la falta de voluntarios le incitó a empezar con un sistema ligeramente diferente. Comenzó probando asuntos al azar, con los socios comerciales, amigos, familia y personas de la calle, con algunos resultados sorprendentes. Los experimentos demostraron que algunas personas tienen la habilidad de potenciar los campos magnéticos por razones desconocidas y que sería interesante determinar si podían descubrirlos y anularlos también.

Ésta es la prueba que consiguió efectuar:

1. Los voluntarios se pusieron en una silla cómoda.
2. Un indicador galvánico de respuesta superficial se puso en el segundo y tercer dedo de la mano izquierda.
3. Al voluntario se le pidió que dijera cualquier palabra o sentimiento que pudiera experimentar durante la prueba. En ese momento se observa la respuesta en el indicador galvánico.

4. El imán se mueve entonces despacio y al azar alrededor de la cabeza, procurando en todo momento mantenerlo a dos pulgadas de la cabeza.

5. Las sensaciones y sentimientos se supervisan y graban. Cuando la prueba ha finalizado los voluntarios se levantan. Se realizaron pruebas con individuos de diferentes edades, sexo, ocupación y trabajo.

6. De los primeros 24 asuntos probados cinco mostraron una contestación positiva a este procedimiento. Una o más de las características siguientes fueron mencionadas:

Un sentimiento de aprehensión o pánico.

Una sensación de presión o estrechez.

Sentimiento de desorientación.

Formas oscuras que se mueven con los párpados cerrados.

Dedo moviéndose bruscamente de forma ingobernable.

Ninguno de los cinco casos describieron los síntomas positivos de forma totalmente idéntica. Sin embargo, las características siguientes eran comunes en los cinco casos:

- El sentimiento era raro o desagradable.
- Un nerviosismo extremo y ansiedad estaban presentes.
- El efecto era vívido y definido.
- Hubo un aumento de la tensión arterial y la transpiración.
- La respuesta fue definitiva.

CASOS AUSTRALIANOS
DE RAPTOS POR *ALIENS*

1. 1955, Australia del Sur
Una muchacha de diez años, Janet X., estaba tratándose un desorden nervioso ligero. Sometida a hipnosis para resolver su conflicto, ella contó una historia de su contacto con extraterrestres y un platillo volante. En la fase de catalepsia habló de un platillo con tres «hombres» y de una visita a un planeta con una sociedad avanzada.

2. 11 de agosto de 1966, Victoria
Marlene Travers, de Melbourne, informa haber observado en tierra un disco grande color plata cerca de ella. Asegura que fue raptada y violada por un alienígena que llevaba una especie de túnica verde metálica. Las investigaciones revelan que probablemente sea una broma periodística.

3. 1971, Gladstone, Queensland
Una pareja finlandesa, Ben y Helen K., de Gladstone, aproximadamente a las 11.35 p.m. al llegar a Rockhampton, se dieron cuenta que habían invertido sólo 40 minutos en un viaje que normalmente les llevaba 85 minutos. Además del viaje rápido no podían recordar los lugares que habían atravesado, y solamente se acordaban de una luz verde extraña. Su sedán del 1971 estaba cubierto con una película delgada de aceite inodoro, y había marcas raras en el morro del automóvil. Los esfuerzos por recordar mediante el hipnotismo fueron infructuosos.

4. Julio de 1972 y posteriormente. Frankston, Victoria
A principios de 1972 Maureen Puddy informó haber observado un disco volando en el cielo. Después, en julio, cuando viajaba en su automóvil, se le paró el motor y vio al

mismo objeto volando sobre su cabeza. Varios meses después contó que recordaba haber sido raptada en un cuarto y había observado una entidad allí. Este último evento ocurrió aunque había otras dos personas con ella, pero sus compañeros sólo informaron que Puddy se quedó inconsciente. Más tarde, dijo que la misma entidad se le había aparecido de nuevo cuando estaba conduciendo su automóvil.

5. 1973, Springwood, Nueva Gales del Sur

Una noche, dos hombres estaban dormidos en una caravana en un sitio cercano a un edificio, cuando uno de ellos observó una luz azul proyectada de un disco etéreo cubierto con alas. Después de un lapso de tiempo de unas dos horas, vio a unas personas de aspecto caucásico mirándole y que desaparecieron bruscamente.

6. 1974, Camberra, Australia

Dos mujeres jóvenes contaron que al entrar en su automóvil encontraron cierta mancha extraña. Cuando estaban viajando fueron escoltadas por una fuente de luz blanca inteligente. Vieron también formas humanas vagas, así como ruidos extraños. Cuando regresaron se dieron cuenta que había un «tiempo perdido» del cual no recordaban nada.

7. 1975/76, Sydney, Nueva Gales del Sur

Una mujer con una niña de cuatro a cinco años, vio a un ser pequeño con ojos grandes en su alcoba durante un día soleado. Ella recordó luego una serie de pequeños detalles sobre el evento, aunque presentía que estuvo en otra parte.

8. Septiembre de 1978, Jindabyne, Nueva Gales del Sur

Dos hombres jóvenes que habían ido a cazar, informaron haber visto una luz esférica blanca luminosa en la tierra a corta distancia. La siguiente noche la vieron de nuevo. En

1983 uno de los hombres recordó ciertos acontecimientos extraños que se manifestaron durante dos horas y que ocurrieron por la noche. En su memoria se encontraron flotando en un cuarto donde les habían puesto encima de una mesa y fueron examinados por seres altos, blancos.

9. 1978-1982, Nueva Gales del Sur

Una mujer de Sydney se despertó sintiéndose agitada y oyó una voz. Aparecieron unas figuras y le dijeron que debía ir con ellos. Ella entró a través de una puerta en un cuarto donde vio una escena en una pantalla. Esta pantalla mostraba imágenes de su vida futura, que después se hizo realidad. El caso está actualmente bajo investigación activa.

10. 1976, Elliott, Territorio Norteño

Se dice que un hombre viejo ha sido raptado por un objeto luminoso que aterrizó cerca de él. Se bajaron unos seres que le llevaron a bordo. Luego relató que le preguntaron cosas sobre la vida en la Tierra y nuestras actividades, antes de que lo devolvieran ileso a su residencia.

11. 1976, Nueva Gales del Sur

Una mujer de treinta y un años tuvo súbitamente el presentimiento de estar enferma. En ese momento vio a tres figuras extrañas delante de ella. Se estableció una comunicación aparentemente telepática y le aconsejaron que se fuera con ellos. La última cosa que recuerda es que habían pasado cinco horas y su novio había llegado a verla.

12. Febrero de 1976, Hobart, Tasmania

Un hombre y su esposa se habían acostado, pero él no lograba conciliar el sueño. De repente, a través de la puerta cerrada, vio tres figuras. Una intentó poner una bolsa encima de las piernas del hombre en un esfuerzo claro por raptarle. Él intentó despertar a su esposa, después de lo cual las figuras desaparecieron a través de la ventana.

13. 1977, Gisborne, Nueva Zelanda

Tres mujeres manifestaron haber sido objeto de un rapto por un OVNI enorme. La hipnosis regresiva reveló que las mujeres habían entrado en un objeto donde mantuvieron una charla con una entidad.

14. 10 de enero de 1978, Nueva Gales del Sur

Gary P. había estado conduciendo durante las primeras horas de la mañana cuando se encontró estacionado inexplicablemente a un lado de la carretera a las 5 a.m. Era incapaz de recordar claramente lo sucedido en los anteriores 160 km. Lo único que recordaba era la presencia de una luz muy intensa que iluminaba una gran superficie. Aunque intentó llegar hasta el objeto, no lo consiguió.

15. 15 de febrero de 1978, Baladonia, Australia occidental

Cuentan que un lapso de memoria de tres a tres y media horas ha sido asociado con la observación de dos luces raras. Durante este tiempo un camionero de treinta años dice que él recuerda haber hablado con alguien sobre inventar algo, aunque también recuerda a otras dos voces. Las investigaciones han sido incapaces de saber más detalles.

16. 21 de octubre de 1978

Frederick Valentich de veinte años aterrizó encima de una colina cuando volaba en un avión desde Cessna a Melbourne e Isla del Rey. Una de las explicaciones era que había sido raptado por los ocupantes de un objeto que estaba observando antes de realizar contacto por radio en busca de ayuda.

17.   1979, Nildottie, Australia del Sur

Don y Jack contaron una experiencia de rapto que alegan ocurrió cerca del río Murray. Ellos estaban preparándose para la cena cuando unos seres entraron en su casa. Desde ese momento perdieron la memoria y la última cosa que vieron fue un objeto de color plata encima de sus cabezas. Fueron sometidos a un chequeo psicológico y físico durante varias horas antes de que los visitantes se fueran.

18.   1979, Melbourne, Victoria

Un hombre llamado Mark se retiró a la cama una noche aproximadamente a las 11 p.m. Al poco tiempo de cerrar sus ojos perdió todo el sentido del oído y sintió que se encontraba pasando un túnel a través del espacio. Más adelante observó una luz al final del túnel. Su último recuerdo fue estar encima de una mesa donde era examinado médicamente por tres seres que le aterrorizaban y entonces despertó en su propia cama.

19.   5 de febrero de 1979, Lawitta, Tasmania

Aproximadamente a las 9 p.m. una intensa luz blanca iluminó el morro de un automóvil manejado por un hombre joven. El automóvil se detuvo, la radio se apagó y se apagaron todas las luces. Después de esa tarde el hombre fue recogido por la policía en Hobart por conducir el automóvil sin luces. Los agentes le encontraron en condiciones psíquicas malas, pues no recordaba dónde estaba. Le llevaron al hospital, ya que estaba atemorizado. El hombre no quiso que se realizase ninguna investigación sobre el suceso.

20.   24 de octubre de 1981, Puerto Lincoln, Australia del Sur

Dos hombres jóvenes, Messrs P. y J. viajaban en un automóvil cerca del Puerto Lincoln cuando encontraron «un espacio interminable blanco», en donde permanecieron durante varias horas. Durante este tiempo perdido apenas recuerdan detalles vagos, como estar caminando en un gran cuarto. Sólo recuerdan sin problemas haber estado mirando una luz misteriosa en el cielo. La investigación incluyó regresión hipnótica, pero fue infructuosa.

21. 1983, Nueva Zelanda

Una mujer china sintió durante la noche un intenso calor y oyó a tres hombres hablar. Después dijo que había entrado en un ovni en donde había seis hombres de aspecto humano pero desagradables. No habló nada con ellos y cuando recobró la conciencia se encontró desnuda en su cama.

22. 1983, Darwin, Territorio Norteño

Simon, de dieciséis años, informó sobre una serie de acontecimientos, que incluían un encuentro personal durante una noche, varios sueños y también haber observado entidades en la casa. Una investigación reveló una posible explicación psicológica para los eventos.

23. 1988, Adelaide, Australia del Sur

Un hombre informó que había mantenido dos comunicaciones con extraterrestres a causa de un injerto en su oreja. Durante la investigación reveló que había sufrido dos experiencias extracorporales, indicando que esto le había ocurrido desde que había estado en un ovni.

24. 1989, Adelaide, Australia del Sur

Una mujer casada, de treinta y cuatro años, relata al menos tres episodios de experiencias raras. Primeramente una entidad estuvo a su lado en la cama cuando tenía once años. La segunda es una «pérdida de tiempo» en 1977 cuando se encontró en un «cuarto» con seres y niños de la Tierra. En tercer lugar, en 1989, se materializó en un «cuarto» con seres extraños.

25. Adelaide, Australia del Sur

Un hombre informó de varios eventos de rapto. Al parecer, los seres se materializaron en su alcoba, y cuando él se dio cuenta de su presencia se quedó dormido. Recuerda un caso en que había mucha luz en su cuarto y pronto se encontró en una mesa de operaciones. Después retornó a su propia cama.

El caso del rapto en la colina

El rapto de Betty y Barney, una pareja de raza mixta, por un ovni en 1961, fue el primer caso de rapto alienígeno en ser investigado completamente. También fue el primero en el cual se empleó la regresión hipnótica en la investigación de raptos.

En las colinas de New Hampshire se estaba celebrando la fiesta de las cataratas del Niágara en la noche del 19 de septiembre de 1961. Había poco tráfico cuando Barney conducía a través de las Montañas Blancas en la Ruta 3. Cerca de la medianoche la pareja observó una luz extraña en el cielo que empezó a moverse. Barney detuvo el automóvil y cuando Betty sacó a su perro Delsey, observó el objeto a través de los prismáticos. Barney le dijo a Betty que probablemente fuera un aeroplano.

Cuando continuaron su camino el objeto parecía perseguir al automóvil. El objeto cambió de dirección y se acercó. Betty observaba el objeto a través de los prismáticos y vio que era un objeto en forma de disco con una franja de luz alrededor de su circunferencia.

Detuvieron el automóvil una vez más y Barney volvió a salir para conseguir un mejor lugar. El objeto se acercó aún más hasta el punto en que Barney pudo ver a varios seres que miraban fijamente abajo a través de las ventanas encendidas. De repente perdió los nervios y aterrorizado exclamó: «¡Van a capturarnos!» Se subieron rápidamente en el automóvil y se marcharon velozmente del lugar. La última cosa de la cual la pareja fue consciente, fueron varios pitidos semejantes al sonido de un horno microondas.

Al día siguiente, Barney notó algunas manchas inexplicables en la pintura del automóvil, así como en la parte trasera de su cuello y marcas de pintura en sus zapatos.

Posteriormente empezaron a sufrir tensión nerviosa, pero no tenían ninguna idea de por qué y Betty sufrió pesadillas horribles en las que ella entraba en un cuarto y era examinada por seres extraños.

Después de un año de padecer estos problemas decidieron ir a ver a varios doctores en medicina general. Ante el fracaso para encontrar una respuesta coherente a su estado se dirigieron al doctor Benjamín Simon, un psiquiatra de Boston especializado en terapia hipnótica. El doctor Simon hizo la terapia de regresión hasta las colinas, pero lo hizo separadamente, para que ninguno supiera lo que había sentido o dicho el otro.

Ambos relataron una historia espantosa durante el período de hipnosis, relativa a las horas que habían permanecido con amnesia. Parece ser que estuvieron varios meses detenidos por un grupo de extraterrestres, desde el día en que ambos les vieron en su automóvil. En su mente estaba la imagen de unos seres extraños, con apariencia humana, con las cabezas en forma de pera y una gran envoltura o casco alrededor de los ojos. Los seres les llevaron en el objeto luminoso, donde les introdujeron en cuartos separados. Durante su separación la pareja sufrió varias pruebas por los «extraños», incluso la toma de muestras de pelo y piel. Aunque normalmente Betty recordaba vagamente haber visto un «mapa de las estrellas», después, bajo la sugerencia post-hipnótica, ella pudo reproducir el mapa.

En 1974, en Ohío, el maestro escolar y astrónomo aficionado Fish Majorie, publicó los resultados de sus estudios de ese mapa. Después de cinco años de estudiar el mapa encontró una estrella, una luz, la denominada como Zeta en el sistema Reticuli. Pero cuando el astrofísico Carl Sagan comparó los datos usando un programa de computadora más exacto, encontró que había una pequeña similitud.

El caso del rapto de la colina es ahora el rapto extranjero equivalente al Roswell. John Fuller ha escrito un libro sobre el caso de la colina llamado *La Jornada Interrumpida* y se ha realizado una película para la televisión titulada *Casos ovnis*.

Es posible que Betty y Barney fueran raptados por extraterrestres, pero no hay seguridad de que estos seres fueron de Zeta Reticuli.

El caso de la colina se cree que es el primer caso de rapto, aunque todo el mundo está seguro que hubo otros raptos antes de 1961.

NUESTRA HISTORIA EN FRANCIA

Primera fase

No estoy segura de cuándo empezó todo. Hay alguna evidencia de que todo empezó a una edad muy joven, pero yo no me di cuenta conscientemente de que había una influencia extranjera en mi vida hasta una circunstancia que ocurrió un día en 1994. Tampoco sé la fecha exacta, hasta el momento, pues entonces no le di mucha importancia al acontecimiento, y mi estado mental en ese momento era algo raro.

Soy una mujer normal de treinta años, ama de casa y madre de tres niños, de tres, seis y diez años. Nací y me crié en California del Sur.

A los veintidós años me encontré con un francés muy dulce, que un año después se volvió a su casa en el sur de Francia. Después nos casamos y nos fuimos a vivir allí durante siete años, con una buena relación amorosa, niños estupendos, bien equilibrados, felices y... bilingües.

En 1994, vivimos en una casa localizada en un valle pequeño. Era muy aislado, rodeado por campos y viñas por todos los lados. Una carretera pequeña llegaba hasta la casa, aunque los camiones no podían entrar. Estábamos cerca de Avignon y la gente nos preguntaba si no nos encontrábamos demasiado solos viviendo en semejante lugar aislado, pero a mí me gustaba mucho. Además, yo no hablaba una palabra de francés, lo que hacía cualquier interacción con otras personas un problema que me generaba un fuerte dolor de cabeza. También soy un poco introvertida, aunque prefiero decir que me gusta estar con otros, pero también me es muy cómoda la existencia en solitario. La mayoría de los días disfrutaba de la naturaleza; cultivando un huerto o jardín, y dedicaba mucho tiempo a realizar caminatas por las colinas circundantes y los bosques, observando los animales.

Durante mi segundo año allí solía efectuar hipnosis, relajación y técnicas de visualización para preparar mejor mi trabajo. Se había convertido en un hábito regular hacer esto cada tarde, pero eso me permitía continuar después y emplear sugerencias para darme más energía durante el día, y tener una actitud positiva.

Después de algunas sesiones empezaron a pasar cosas extrañas, y oía voces que hablaban conmigo, o veía cosas que no había pensado visualizar. Empecé a recibir mensajes sobre cosas y personas alrededor de mí que constantemente demostraban ser verdaderas. Una vez recibí el mensaje de que uno de mis padres estaba a punto de morir. Yo no sabía si debía confiar en estos elementos inesperados que entraron en mi mente, pero después de varios días de preocuparme nerviosamente sobre eso, decidí que tenía que hacer algo. Intenté deducir qué sería, y me preocupé ciertamente por mi padre porque él es quince años más viejo que mi madre, tiene sobrepeso y trabaja demasiado duro. Por eso le escribí una larga carta y le deseé toda clase de venturas, tal como se suele hacer cuando asistimos a alguien en el lecho de la muerte. La carta llegó a una casa vacía, pues ellos la habían dejado el día antes para un viaje de recreo. Mi madre se murió en ese viaje.

Más adelante nosotros oíamos ruidos extraños por la noche en la casa, ruidos como de choques de grandes cosas que nos hicieron pensar en que nuestro estante entero se había caído, y también sonidos de sillas que arrastran por el suelo. Por eso nos pasábamos muchas noches levantados y bajando al vestíbulo con un arma, pues estábamos seguros que había alguien allí. Pero nunca había nadie, por lo que aprendimos a ignorarlo.

También se abrían los grifos del agua, incluso delante de nosotros mismos, especialmente los del fregadero. Todo ocurría en medio de un fuerte ruido, como una explosión, y súbitamente la llave del grifo giraba y dejaba correr el agua. Nosotros asumimos en ese momento que era un problema con la presión del agua o algo así, pero cuando nos marchamos a una casa nueva dos años después, persistió el mismo problema. Un día, durante una de mis sesiones de relajación, tuve una visión que me dijo que nosotros habíamos concebido a un niño la noche anterior, un muchacho, y que debía dejar de fumar y beber café. Esto resultó ser verdad.

Cómo se relaciona esto con los raptos siguientes, no estoy segura. Siento que es pertinente porque indicaba un cambio en mí. Hay varios factores que podrían causar esto, aunque todo es muy especulativo. La pregunta que tengo y no puedo responderme es acerca de suponer si los extraterrestres me eligieron a mí debido a esta sensibilidad que tengo desde que era niña. ¿O tengo esa sensibilidad por su presencia? ¿Era algo que ellos me habían otorgado y que se despertó dentro de mí cuando crecí? ¿Lo tenían todo preparado con respecto a mí?

El encuentro

Un día, en 1994, yo estaba de camino a casa después de haver la compra de comestibles. Era una tarde soleada y clara. Viajaba por la carretera que iba a nuestra casa, y casi habíamos llegado cuando ocurrió un atasco súbito. Esto nunca había pasado antes en los últimos dos años que habíamos vivido allí, pues se trataba de una carretera muy poco transitada. Lo cierto es que había diez automóviles por lo menos delante de mí, todos con el motor parado. Cuando me detuve, noté la luz del sol que mostraba algo en el cielo. Anteriormente y delante de mí había un objeto en forma de disco, podía verlo claramente, incluso el metal del cual estaba hecho, que se parecía al aluminio pulido. Estaba completamente inmóvil en el cielo, e intenté deducir lo que podría ser. Como el tema de los platillos volantes nunca había sido motivo de interés para mí, ese no fue mi primer pensamiento. Intenté recordar qué nuevo avión del ejército existía, tratando de encajar el objeto en alguno de los modelos empleados actualmente, especialmente aquellos que se empleaban como ejercicio de entrenamiento.

Cuando el tiempo pasó, sin embargo, era obvio que esa cosa no iba a marcharse de allí. Todavía intenté recordar la imagen de algún avión militar que fuera capaz de semejante hazaña, pues mantenerse en el aire inmóvil solamente lo podía hacer un helicóptero y ese aparato no se parecía en nada a los conocidos. Además, incluso un helicóptero no puede detenerse en el aire en silencio.

No estoy segura cuánto tiempo pasó, pues mi memoria no está muy clara, ni siquiera cuando días después intenté recordar con precisión los hechos. De todos modos, lo cierto es que el disco empezó a moverse hacia algún punto, y con ello eliminó todas mis esperanzas de encontrar una explicación racional. Se movió de arriba abajo, se inclinó a uno y otro lado, con movimientos precisos, perfectos, y de repente salió volando por encima de las montañas a una velocidad que me cortó la respiración. No supe en ese momento que aquello era una nave terrestre y ni siquiera presentí que se trataba de un ovni.

Desde entonces he continuado estudiando el vuelo de todos los aviones, incluso de los pájaros, mirando al cielo, y no he encontrado nada todavía capaz de moverse como lo hizo ese objeto aquel día. Cuando el ovni se marchó, lo hizo a una velocidad sumamente alta, bruscamente, no empezando a ganar velocidad lentamente como ocurre con los vehículos terrestres. Tal aceleración hubiera matado a cualquier humano que estuviera dentro.

En cuanto se fue, todos los automóviles empezaron a moverse, pues hasta entonces sus motores estaban bloqueados. Yo me sentí feliz por regresar a casa tranquila y feliz, y sana. Mientras desempaquetaba los comestibles con mi marido, le comenté que había visto algo que parecía ser un ovni, explicándole los detalles, pero no lo consideró como algo de interés.

No volví a acordarme de ello hasta después de un año, cuando otras cosas empezaron a pasar en mi vida y yo trataba de considerarlas absurdas, tanto como mi reacción en ese momento. Si antes de ese acontecimiento, alguien me hubiera hablado hipotéticamente de esa situación y me preguntase cómo reaccionaría, la respuesta habría sido simple: me hubiera marchado rápidamente con mi automóvil en dirección contraria. Pero ahora comprendo que lo más sensato hubiera sido bajarme del coche y preguntar a las otras personas si ellos estaban viendo lo mismo que yo, sin olvidarme de pedir sus nombres y números de teléfono.

Ahora todo está muy confuso en mi mente, pues no existe ninguna comisaría especializada en abducidos a quien acudir. Cada día me encuentro más perturbada por haber visto algo que nunca había creído que existía. ¿Y por qué todos esos automóviles se detuvieron con el motor bloqueado? ¿Se detuvieron quizá para observar el objeto o porque no podían marcharse? Después de muchos años encontré un libro sobre este asunto, y a veces leo relatos sobre la presencia pacífica de los ovnis y sobre su tecnología tan avanzada.

Después de algunas semanas mis ojos estaban quemados y empecé a notar manchas en la visión al mirar cosas cercanas. Desde entonces también empecé a tener migrañas que nosotros finalmente interpretamos como sinusitis.

El verdadero rapto

Mirando mis informes anteriores veo ahora los aconte-cimientos como muy lejanos. Es extraño ver eso ahora y darse cuenta que fue real, no un sueño. Podría decir hones-tamente que no soy ahora la misma persona y he sufrido un cambio radical. Para mí, siento como si hubiera despertado a mi verdadero ego, como si hubiera estado dormido toda la vida. Creo que he encontrado mi memoria.

Después de escribir este informe me desperté una noche para ver dos siluetas altas que estaban de pie cerca de mi cama. Ellos parecían estar hablando, pero yo sólo entendí la última frase, que era: «Es el momento de ponerle el velo.»

Yo lo oí en ambos idiomas, francés e inglés, al mismo tiempo, por lo que creo que realmente era una comunica-ción telepática. Mi cerebro puso los modelos del pensa-miento en los dos idiomas que hablo y entiendo. Estaba muy despierta, aunque no sabía qué significaba ese comen-tario.

En este momento yo había conseguido investigar a tra-vés de Internet que otras personas estaban intentando comu-nicarse con quienes habían tenido experiencias iguales a la mía. Estaba preocupada por la idea de si todo lo que me sucedía era bueno o malo, y si no sería conveniente intentar detener mis experiencias. Había tanta opinión confrontada sobre los abducidos, que me encontraba sumamente confusa y frustrada. Intenté orar para pedir protección, y para lle-narme de sentimientos positivos y de amor. Me figuré que si ello fuera algo malo entonces podría ser eliminado por mi positivismo y amor. En todo caso, confié en que me estaban protegiendo.

Cuando esos seres pequeños me visitaron desperté a mi marido, que parecía reconocerlos y no se mostraba asustado en absoluto. Recuerdo que salí fuera con ellos, y cada uno de nosotros estaba sostenido en el aire por uno de ellos, agarrados por los brazos ligeramente y volando hacia arriba. Mi memoria es ahora débil sobre lo que pasó después de eso. La última cosa que recuerdo es volando hacia abajo sobre mi casa, mirando cómo se acercaba el tejado y pensando intranquilamente si todo acabaría bien. Eso es justo lo que hice, y así volé hasta mi cama.

Entonces llegó una visita que era totalmente diferente de todo el resto, y marcó un cambio total en los acontecimientos. Lo que pasó parece un sueño de locos, así me parecía a mí, entonces y ahora, pero era más real que la realidad en mi vida cotidiana. No sé explicarlo de otra manera.

Nosotros fuimos despertados una noche por tres seres: una hembra y dos varones. Ellos despertaron a toda la familia, mi marido y yo, y nuestros tres niños. Eran muy respetuosos hacia nosotros, y a nosotros mismos nos parecían familiares. Parecían emanar amor.

Tuve una conversación con ellos y me dijeron que habían estado viniendo durante algún tiempo, pero no recuerdo a cuánto en concreto se referían. Les pregunté por qué, pero ahora no consigo recordar la respuesta. La hembra dijo que las cosas ocurrirían en el momento correcto, y que yo tenía que estar lista cuando ocurrieran. Todos nosotros teníamos que ir a alguna parte con ellos en ese mismo instante. Mi hijo de tres años se excitó mucho y fue corriendo a buscar sus zapatos. Después nos llevaron a su nave que sobrevoló nuestra casa.

Mientras estábamos dentro, mi marido y los niños decidieron dormir y, aunque esto no tiene sentido, en aquel momento parecía totalmente natural, pues había camas, y escogieron libremente esa opción. Yo tuve una reunión con la mujer y los hombres, alrededor de una mesa redonda. Hablamos sobre muchas cosas, especialmente sobre mi misión en este asunto. En un momento dado, empecé realizando las preguntas a uno de ellos, sobre lo que me había pasado y si ello era bueno o no. La mujer (que parecía ser el comandante) de repente se puso muy seria, y la frase que me dijo parecía bastante enigmática: «Lo que hay que hacer no es muy complicado.»

Después de esta reunión en la que nos comunicamos verbalmente la mayor parte del tiempo (aunque cuando la agresividad era manifiesta la conversación era telepática) nosotros entramos en otro cuarto, y los dos hombres me dieron lecciones sobre cómo volar y viajar con el cuerpo etéreo.

El día después

Yo continué hablando después de aquel día con un grupo de abducidos, y empezaron a pasar coincidencias extrañas entre nosotros, a la misma hora. También hubo un extraño suceso en el que estuvo involucrado mi hijo de tres años. Él se despertó una mañana, todo excitado, diciendo que había sido visitado por uno de los pilotos. Explicó que eran personas altas y con ojos azules (los humanoides que estaban en la nave tenían ojos azules que me hicieron pensar que los empleaban para hablar), y que el piloto le dijo algunas cosas muy importantes. Dijo que unos aviones atacarían América, y habría explosiones y fuego, niños que lloran y heridas. También pasará en París. Van muy rápidos ahora, y yo no debo ir allí, pues es muy, muy peligroso. También dijeron que nosotros tenemos que ir a los aviones ahora que hay tiempo. Finalmente el niño le dijo a su madre que si está cansada había muchas camas en los aviones para dormir, pues será un viaje muy largo.

Siguió hablando sobre eso sin detenerse y empezó a asustar a mi marido, que se enfadó un poco. Después preguntó qué hora era y cuánto tiempo teníamos para ir a los aviones. Yo no supe qué decir y le aseguré que en el futuro nosotros sabríamos cuándo era el momento. Después, un día, de repente me gritó: «¡Mamá, ahora es el momento! ¡Mira!» Y apuntando al reloj dijo: «11:11» Le pregunté por qué pensaba que era el tiempo, y dijo que el piloto le mostró un reloj con estos números.

Después hubo un evento grande. Me pasó a mí, y aproximadamente a otras cuatro personas con las que yo había estado manteniendo contactos al mismo tiempo. Era de noche para ellos, pero en este lado del mundo era de día. Mi hijo y yo íbamos a casa después de hacer unas compras, y encontramos mucho tráfico, bloqueando la casa del camino, por lo que decidimos dar un paseo alrededor del centro de la ciudad hasta que disminuyera el atasco. Cuando estacioné el automóvil, sentí que de repente que algo se apoderaba de mí, como si estuviera siendo guiada, y como presentía desde hacía tiempo que yo debía aprender algo concreto, le permití a esa cosa que tomara el mando y me dejé llevar. Terminamos atrás en una pequeña y oscura calle, entrando en una pequeña tienda de libros usados. Mi hijo y yo estábamos hablando lejos y no prestamos atención a dónde íbamos, y caminé directamente a la parte de atrás de la tienda, extendí la mano, agarré un libro y, sin pensar, lo compré. No sabía de qué se trataba. Cuando conseguí llegar a casa y lo miré, quedé sorprendida, pues se trataba de un libro escrito por una persona que decía haber tenido varias experiencias con ovnis.

Lo que pasó fue que cuando lo leí parecía hacer tictac en mis recuerdos, y mis propios contactos pasados empezaron a regresar a mí con gran fuerza, y empecé a comprender, o recordar, muchas cosas de gran importancia. Recordé que yo sabía todo sobre lo que estaba pasando; de hecho, incluso antes de que yo naciera. Había venido a la Tierra en esta encarnación, en este momento, por razones muy específicas, y absolutamente todo lo que había pasado hasta ahora en esta vida, lo peor y lo mejor, había sido planeado fuera entre yo y las almas de otros. Todo con el fin de prepararme para nuestros diferentes papeles y misiones en el gran esquema de las cosas.

Esto era importante, aunque procuré asimilarlo sin que me perturbara. Al mismo tiempo, a otras personas les había pasado lo mismo; aproximadamente tres o cuatro habían compartido un sueño, el mismo en el que ellos eran igualmente conscientes cada uno de la presencia de los otros. Ellos habían tenido la misma recuperación de memoria, y regresado al principio del tiempo, nuestra historia entera, y nuestras visiones eran las mismas. Todos habían estado de pie delante de una luz luminosa que les habló y les dio la bienvenida.

En los mensajes que nosotros recibíamos, el tiempo grabado al lado de cada uno era siempre 11:11 o 12:12, aunque fuéramos de zonas horarias diferentes, y no sabíamos qué hora era en los otros lugares. Las cosas empezaron a moverse muy rápidamente para cada uno y a cambiar. Personalmente, durante mis meditaciones diarias, tenía una confrontación con una de mis encarnaciones pasadas, en la que me había devuelto a los comienzos de la infancia. Pronto supe la historia entera, mi propia historia, y supe cómo se había inundado. Debo señalar que antes de estos acontecimientos yo no creía en la reencarnación o, por lo menos, la idea no me interesaba.

Empecé a asimilar las enseñanzas que recibía, a lo largo del día y la noche, como una voz que explica todo dentro de mí. Mi crecimiento era muy rápido todos los días y mi sabiduría crecía increíblemente con cada minuto. Empecé a realizar experimentos con viajes etéricos en los que las personas que yo visitaba me veían realmente, e incluso uno me quería pellizcar. Ciertamente, yo estaba cambiando.

Pasé por un periodo en el que empecé sintiéndome ansiosa y con pánico, pues presentía que algo terrible iba a pasar. Tenía visiones de un terremoto, y un amigo en otro estado tenía un sueño de un terremoto que pasaba también donde yo vivo.

También me pregunté qué relación tenían estos números extraños. Desde entonces, mi hijo pequeño también me pregunta por su razón. Entonces, durante tres días, tuve dolores terribles, dolores intensos que me torturaban y me obligaban a que me quedara tres días en casa, encogida, jadeando y respirando profundamente. Cuando terminaba, me sentía como una persona diferente, como si hubiera dado a luz. Supe sobre mi pasado, mi presente y futuro, como si estuviera unida con mi alma, y todos fueron recuerdos que habían despertado.

El terremoto pasó, pero dentro de mí, y reveló mi verdadero ego, que surgió como una mariposa. Esto parece melodramático, pero pienso que es imposible describir, aunque es la cosa más grande y milagrosa. Mis enseñanzas empezaron a llevarme a todas las clases de aprendizaje, y empecé a tener contacto con seres de luz que me llevaron a otros lugares y me mostraron cosas. Mis sentidos psíquicos empezaron a trabajar de maneras diferentes, y ahora soy capaz de hacer cosas de las que antes ni siquiera pensé que fueran posibles.

Ahora sólo sigo mis instintos y sé que todo lo que pasa, cada persona por la que yo corro, tiene una razón, y si presto atención, y no intento evitar lo que viene a mí, encuentro que hay algo para aprovechar de ellos, algo para ser aprendido. He hecho una aventura maravillosa de mi vida, y estoy viviendo de verdad en el momento, sólo prestando atención al ahora. Ha sido muy duro para mí remontarme y escribir sobre todo este material en el pasado, porque me siento como enfocando mis pensamientos en el ayer, pero deseo vivir hoy. Una canción que oigo de fondo, con un mensaje importante, un pájaro en el patio, todo puede simbolizar y enseñar; una nube que pasa, siempre es una nueva revelación de algo.

CLASIFICACIONES EN LAS EXPERIENCIAS DE RAPTO

Lo siguiente es una descripción breve de los tipos de experiencias de rapto normalmente informados y que suponen una norma de clasificación en la investigación de los raptos.

1. Sueño lúcido

Ésta es una experiencia de sueño lúcida generada internamente por asuntos del subconsciente. No hay ninguna interacción entre humanos-extraterrestres a ningún nivel. Normalmente son grandiosos en su naturaleza y falta una progresión lógica.

2. Tecno-telepatía en el sueño lúcido

Ésta es una experiencia de sueño lúcida, internamente generada por fuerzas externas. Es de origen extraterrestre y lograda por intrusión psíquica tecnológicamente reforzada en el subconsciente. La persona informa de una disociación entre el sueño normal y la inserción de un guión o mensaje que refuerzan ciertos ideales o creencias. Si la persona despierta inmediatamente después, verán un círculo de energía coloreada blanquecina brillando en el techo, aproximadamente de dos a tres pies en diámetro, con un árbol de la misma energía que se muestra en el círculo. Este árbol es de tres a seis pulgadas de diámetro.

3. Psi-bioenergía

Esta experiencia involucra el extracto de un campo de energía consciente sobre un asunto. No debe confundirse con fenómenos que ocurren naturalmente, cuando la separación es externamente inducida. La tecnología emplea el uso de una luz blanca o azul-blanca. Las personas describen un sentimiento de penetración profunda de esta luz a lo largo de su cuerpo, seguido por la sensación de una fuerza irresistible o atractiva. Esto mantiene una buena cohesión con el cuerpo, que es capaz de percibir estímulos a un nivel grandemente reforzado. Las percepciones incluyen una visión en 360º y la regeneración del sensorio a escala molecular, e incluso a nivel atómico. Las experiencias parecen demostrar que las comunicaciones y la reinserción se hacen en el cuerpo de un humanoide igual al original, tal como vimos en el filme *Starman*.

Cuando el cerebro de la persona ocupada no está físicamente presente, los recuerdos no se manifiestan simultáneamente. Este efecto de sombra en la memoria original permite retener rápidamente los acontecimientos o generar una memoria energética. Este proceso podría llevar a descubrir la vida y la tecnología de las personas ocupadas y, simultáneamente, de las ocupantes.

4. Rapto físico

Éste es el secuestro físico de una persona de su ambiente a un ambiente extraterrestre. La persona es primero tranquilizada para reducir posibles lesiones. Estos raptos siguen un estricto sistema militar en su protocolo. Se transportan personas mediante un pequeño transbordador que lo hace de forma directa e instantánea utilizando un túnel hiperdimensional. Se mostrará como una luz de energía blanca inteligente y no existe posibilidad de fallo en el proceso. También sabemos que se puede anular otras fuerzas que traten de oponerse al traslado y que se puede emplear para transportar objetos sólidos. Esto permite que el sujeto pase físicamente a través de objetos sólidos. Una vez en la nave, la persona se somete a varias pruebas físicas y procedimientos, siendo lo más importante la experimentación genética. Los informes de esperma y la extracción de óvulos son bastante comunes. Después de que estos procedimientos se realizan, la persona vuelve ilesa a su situación original, pero ahora tiene una memoria insertada en su mente subconsciente. Esto ocasiona ligeros cambios en la realidad cotidiana después del rapto, pero nunca borra los acontecimientos completamente, lo que les distingue del apartado 3.

5. La llamada de vidas pasadas

Estas experiencias son las más interesantes, en términos de sus implicaciones. Parecen representar acontecimientos en la experiencia de una vida extraterrestre anterior. Los sujetos relacionan haber estado en una fortaleza militar subterránea, a veces en Marte, la Luna e incluso bajo los océanos de la Tierra.

Recuerdan el interior de una nave espacial y también se revocan otros ambientes extraterrestres. Lo que es más interesante es que el sujeto ve esto, no bajo la perspectiva humana, sino como si fuera un alien. Esto hace pensar en dos posibilidades muy interesantes:

1. Durante la comunicación telepática algunos recuerdos se transfieren subconscientemente.
2. El sujeto está recordando escenas de vida pasadas reales propias. Esta segunda posibilidad abre la puerta a mucha especulación. Sugiere que la parte de los fenómenos del rapto puedan ser reconocidos y empleados. También puede explicar por qué los *Greys* (*alien*) han dicho que ellos tienen derecho para hacer lo que hacen. Si raptaron personas para transferirles el ambiente de sus mundos a la Tierra, entonces técnicamente ellos no están raptando seres humanos sino aliens voluntarios.

LOS *GREYS*

La evidencia del origen de los Grises (Greys) y las razones para el rapto de humanos

Entre los misterios de la ufología moderna el origen de las entidades conocidas como *Greys* es la más controvertida. Estos seres pequeños son las entidades normalmente observadas por los secuestrados y se las considera los responsables de los raptos humanos. Hay muchas cosas que sabemos de los *Greys*, derivadas principalmente de los informes de los raptados, pero hay muchas más que no sabemos todavía o entendemos. Usando la evidencia disponible, incluso reuniendo los informes de raptados y lo que se ha robado de los archivos gubernamentales, es posible hacer estimaciones exactas de varios aspectos de la vida de los *Greys* que incluyen aspectos fisiológicos y mentales.

Teorías actuales

Los Doce Majestuosos

Una de las creencias actualmente sostenidas sobre los *Greys* es que están conectados de algún modo con el Gobierno de los Estados Unidos, y que esta relación íntima ha producido muchos de los avances tecnológicos de los últimos cincuenta años hechos por el ejército y los científicos gubernamentales. Entre estos avances están el F-117 (avión invisible) y el bombardero B-2 igualmente invisible al radar, así como el sistema de armamento conocido como Joshua, una arma ultrasónica que recientemente ha sido desclasificada para evitar el impacto que tuvo entre el público.

La teoría es así:

Un grupo confidencial dentro del gobierno (conocido como los Doce Majestuosos, o la Sociedad Jason, o los Estudiosos Jason) ha proporcionado grandes extensiones de terreno a los *Greys* en el sudoeste americano, cerca del área de las Cuatro Esquinas, para construir bases enormes en el subsuelo, denominadas como DUMBs (Bases Profundas del Ejército en el Subsuelo). Desde estos terrenos, los *Greys* pueden raptar sus objetivos (personas o cosas) con mucha más facilidad y menos posibilidad de ser observados de lo que podrían ser de otro modo.

Esto es conocido como «Estados Extraterrestres Unidos» o «Teoría de Intercambio Tecnológico Gubernamental», que es actualmente muy popular, en diferentes grados, entre muchos investigadores. Estas personas creen que el Gobierno constantemente se está quedando con toda la información del fenómeno ovni, y la mantienen en férreo secreto para el público. **También emplean la táctica de la desinformación para hacer creer que todos los testigos**

oculares están engañando al público o son dementes. La desinformación aparece en varias formas, desde la propaganda gubernamental, las mentiras sobre las actividades y las amenazas para imponer silencio a quien dé testimonio de su experiencia personal. Lo esencial es convencer a la prensa y al público de que no hay ningún fenómeno ovni y no existe evidencia de vida extraterrestre. Si alguna evidencia se pone al descubierto no aportan ningún comunicado oficial, pues con el silencio tratan de demostrar que el ejército no está interesado en la ciencia-ficción.

Hay muchos documentos y testigos presenciales actualmente disponibles que, directa e indirectamente, implican al Gobierno en una conspiración después de otra conspiración, entre ellas el suceso de Roswell y el asesinato de John F. Kennedy. Estos documentos tienden a apuntar hacia un gobierno confidencial, que controla mucho de lo que habitualmente percibimos y se nos muestra como nuestro bienhechor.

El Congreso, según nuestro conocimiento, no dispone de ninguna información adicional, debido al hecho de que los miembros son elegidos por las mismas personas que ocultan los hechos. Esto hace posible que cualquier oficial que divulgue noticias sea expulsado. Es posible, sin embargo, que varias agencias gubernamentales puedan preparar estos candidatos y las elecciones para colocar a diputados que estén a favor de sus planes. Las actividades del Congreso, sin embargo, no parecen ser muy sospechosas, salvo la complicidad habitual de los políticos a la hora de hacer campaña y elegirse entre ellos.

Los gobiernos estatales también tratan de estar seguros de anular cualquier tipo de infiltración profunda, debido al hecho de que este «gobierno confidencial» está formado por un pequeño grupo de personas fácilmente controlables. Inundando a los gobiernos estatales de personas imparciales no sólo aumentarían las oportunidades de descubrir la verdad, debido al aumento en número de las personas directamente envueltas, sino que aumentarían también los problemas para mantener la credibilidad del gobierno.

El número de personas que tendrían acceso directo a los líderes de semejante grupo aumentaría exponencialmente con el número líderes. Esto tendría un efecto drástico en cuanto a las oportunidades para dar a conocer todos los hechos relativos a ovnis. De ser así, el «gobierno confidencial» podría funcionar mejor al disponer de mayor libertad y aportación de datos.

La cara negativa de esta idea sería:

- Una población que, en conjunto, tendería a considerar cualquier fenómeno, dando oportunidad a que se hagan populares los locos, visionarios y oportunistas.
- Habría que mantener constantemente tranquilizado al público ante la avalancha de noticias falsas sobre ovnis.
- Aumentaría con el tiempo la desconfianza hacia el fenómeno ovni en toda la gente que trabaja seriamente para esclarecerlo.

Seres de luz

Otra teoría popular sostenida, en la que se encuentran involucrados los seguidores de la filosofía de la Nueva Era, es que los *Greys* son en verdad una raza benévola, tal como dicen, y que están aquí para guiar a la humanidad en el próximo milenio con el fin de mejorar nuestra espiritualidad y crear una sociedad más perfecta. También encuentran apoyo entre aquellos que exigen estar en contacto con los *Greys*, y exigen recibir información sobre lo que están haciendo, así como por qué. Esta información, sin embargo, parece ser demasiado propagandística y ocasiona una mala información. La teoría es que los *Greys* vienen de una sociedad cuya genética está ahora demasiado viciada o envejecida. Es algo similar a los antiguos guiones de ciencia-ficción, con habitantes agonizantes del planeta Marte que vienen a la Tierra para poder sobrevivir, tal como mostró H. G. Wells en *La guerra de los mundos*.

Esta teoría es mucho más simple, así como es mucho más directo el proceso mental que ha permitido que otras personas de otros mundos, más evolucionadas física y psíquicamente, tengan interés en la humanidad. Los partidarios de esta teoría dicen que los mismos *Greys* les han hablado y les han dicho las razones por las cuales están aquí. Según estos individuos y grupos, los *Greys* están intentando ayudar a la humanidad a salvar el planeta, porque la muerte de la Tierra está próxima, y hablan de grandes tormentas, terremotos, diluvios, erupciones volcánicas, así como de guerra, polución, hambre e inanición. Todo este fenómeno apocalíptico barrerá todo rastro de vida en nuestro planeta. La demanda de los *Greys* es que, puesto que ellos saben cuándo pasarán estas cosas, porque no están limitados por el tiempo que fluye para nosotros en una sola dirección, pueden mejorar el proceso y retrasarlo. Aunque no pueden detenerlo, quieren prevenir tanto sufrimiento como les sea posible. Mientras están aquí, sin embargo, parece ser que necesitan nuestro ADN, pues su suministro ha quedado drásticamente reducido, por razones raramente comunicadas.

Análisis de las teorías

Estas dos teorías tienen varias fuentes que aportan evidencias que apoyan cada teoría, mientras disminuye la validez de la otra. La mayoría de las evidencias para la conspiración de un gobierno *Grey* viene de fuentes dentro del gobierno, y de la observación cuidadosa y los análisis de las actividades gubernamentales durante los últimos cincuenta años. La creencia en los *Greys* viene directamente desde el mismo momento en que se efectuaron los raptos, ocasionando con ello ciertas instrucciones e ideas en los abducidos, que debían dar testimonio de su presencia a la sociedad, cuando ellos lo determinaran. Usando a los raptados como registradores virtuales, el comunicado de los *Greys* es que ellos están aquí para ayudar a la humanidad a comprender su potencial, y a mejorar con ello su existencia.

Los archivos gubernamentales, por otro lado, afirman que los adeptos a los *Greys* no saben la verdad y no tienen confianza en ellos. Estos datos proceden de los pocos documentos que ha podido extraer de los archivos militares la asociación por la Libertad de Información, así como procedente de antiguos empleados gubernamentales y otros aún en activo, que exigen no revelar sus nombres, pues se les ha exigido voto de silencio. También hay que reconocer que el Gobierno ha sido objeto de numerosos mentirosos ávidos de poder o publicidad, por lo que les resulta ahora muy difícil creer que existe un grupo de extraterrestres entre nosotros.

Si los *Greys* están diciendo la verdad, entonces nosotros tenemos poco de que preocuparnos por ellos, salvo nuestro propio Gobierno, y el rapto ocasional será algo excitante, no temeroso. Si estos seres están ya entre nosotros, entonces nos enfrentamos con un gran dilema: está manipulándose a personas sin su conocimiento por lo menos por dos fuerzas, los *Greys*, y por lo menos un Gobierno del mundo, el de los Estados Unidos.

EL ANÁLISIS DE LAS RAZONES PARA LOS RAPTOS HUMANOS

De los diversos documentos, informadores e informes sobre raptos, podemos postular lo que son los *Greys*. Hay muchos informes que pueden encontrarse hoy, si uno sabe dónde buscar. Algunos teorizan que los *Greys* son descendientes de humanos del futuro; otros que son una forma totalmente diferente no relacionada con los humanos de la Tierra. Este documento analizará las diversas teorías procurando dejar fuera ciertas hipótesis que se juzgan ya como muy improbables, pues contradicen las evidencias y los informes.

Raptos y clonación

En primer lugar, debe establecerse el hecho de que los *Greys* son de verdad clones. Ésta no es una nueva teoría, simplemente es una modificación de otras que han estado circulando durante algún tiempo. Hay varias razones por las cuales parecen ser clones, si tomamos los modelos vistos en sueños y las apariciones visuales, especialmente las procedentes de los testimonios de los abducidos y otros informes relacionados. Sin embargo, la evidencia más intrigante que plantea el rapto es que casi todos se han originado en el desierto de Nuevo Méjico, aunque muchos de los informes proceden casi siempre de segundas o terceras fuentes, lo que los hace menos fiables.

Los *Greys* están raptando varones humanos y hembras con el propósito de extraer esperma, óvulos y otras muestras de nuestras sucesiones genéticas por razones desconocidas.

Los *Greys* deben ser clones, y la mejor evidencia está en la conducta de los raptos. Uno puede extrapolar el Principio Heisenburg, referido a la mecánica cuántica y la incertidumbre de la situación y velocidad adquirida de un electrón en un orbital. Esas sucesiones genéticas se estropean y empiezan a tener errores en la sucesión después de varias generaciones de clónicos, algo que muchos creen está ocurriendo con los *Greys*. El resultado de clonar a sus propios clones, después de varias generaciones, es equivalente a producir errores que se arrastran al código genético, por así decirlo, y en el futuro se crean clones que son incapaces de funcionar, o nacen muertos.

Este fenómeno también se asemeja a la grabación de un audio o casete de vídeo procedente de otra grabación. Cuando se hacen copias de las copias, las disminuciones de calidad son globales. Este postulado puede extrapolarse al hecho de que la cadena de ADN humana es muy larga, y contiene muchos datos. Si los *Greys* tienen un código genético similar, esta hipótesis servirá. Los humanos tienen gran variación genética y mutaciones de una generación a otra, lo que origina una gran diversidad. Sin embargo, las mutaciones que generalmente se crean no involucran la función de los sistemas más importantes del cuerpo.

ADN

La reproducción sexual también es un motivo para las mutaciones radicales que afectan el cuerpo entero de manera drástica, sacándole de la norma. Con clones, sin embargo, las mutaciones, aunque son pequeñas individualmente, se copiarán de una generación a otra, y cuando aumenta el número de figuras la oportunidad de una mutación fatal es muy alta.

La pura complejidad de la molécula de ADN (en humanos) hace sumamente difícil guardar intacto todo el código genético, por lo que los errores alcanzarán con facilidad otras generaciones. Hay otro problema en esta situación: mientras los *Greys* parecen ser capaces de mejorar su material genético, su raza, mezclándose con los humanos de la Tierra, y su conocimiento real sobre ingeniería genética está verdaderamente avanzado, pero no les proporcionan los resultados deseados. No pueden manipular su código genético, ni el de los humanos, más allá de ese requisito de mezclar los dos tipos para reproducir moléculas. Esto implica que: o perdieron de algún modo el conocimiento, o nunca lo han tenido suficientemente desarrollado. De cualquier modo, parece ser que los *Greys* no tienen un control total sobre la manipulación del código genético para crear seres híbridos. Así, la clonación de los clones crea un dilema que es fatal para una especie dependiente de esa reproducción, pues es su método de supervivencia. La manera en que se propagan también es el método de su muerte como especie.

Sin embargo, puede ser posible, con las técnicas de ingeniería genéticas que los *Greys* parecen poseer, infundir un ADN viable u otro material genético, adecuadamente modificado, en su próxima generación de clones, creando híbridos y otros seres procedentes de los abducidos. Aunque algunos pueden preguntarse la razón, si tienen la tecnología para hacer eso, ¿por qué no crean los materiales genéticos que necesitan y reparan su código genético sin acudir a raptar a los humanos? La respuesta es muy simple, y es una cuestión de economía: lo más barato, más fácil de conseguir y lo que menos energía requiere es recoger el ADN que necesitan. Eso es mucho mejor que crear los materiales genéticos ellos mismos. ¿Por qué pasarse el tiempo y emplear energía construyendo fábricas para lograr códigos puros, si se dispone en la Tierra de una fuente de materiales crudos inagotable para la creación de moléculas reproductoras? ¿Para qué reconstruir una molécula entera, cuando hay un planeta de seis mil millones de humanos que hacen el trabajo para ellos de forma natural?

Los fallos

La situación estratégica de las bases subterráneas podría hacer esto económicamente más ventajoso, pero incluso una civilización que es capaz de viajar desde una estrella distante ahorraría tiempo y energía creando una molécula reproductora desde el principio. Así, esta teoría no sólo explicaría los raptos actuales, sino también las visitas pasadas, debido a la premisa que de los raptos se hacen con el propósito de recoger ADN y otros materiales genéticos para infundirlos en su propio código genético.

Una posible explicación para sus fallos es que los *Greys* no hacen ellos mismos la ingeniería genética, sino que el sistema está completamente automatizado, con o sin un supervisor. De esta manera, la ingeniería genética se hace combinando ambos tipos de códigos genéticos contenidos en una computadora de algún tipo, y crearía un embrión híbrido de óvulos humanos o esperma, con la suma del material genético *Grey* adecuadamente modificado para ser compatible con el ADN de un terráqueo.

Un posible método que explicaría la toma de esperma y óvulos sería el que se explica a continuación:

Los óvulos sólo se modifican muy ligeramente, pues parece seguro que no hay ningún problema de compatibilidad con el nuevo código genético. El ADN del esperma humano está entonces alejado y reemplazado con el material genético *Grey* modificado para actuar recíprocamente. El esperma se puede combinar entonces con los óvulos, mezclando los dos modelos del gen, y si el código es viable, el embrión resultante crece y se divide. En un cierto momento, el embrión se podría congelar para su almacenamiento, y ser implantado posteriormente en una hembra humana para su desarrollo. Este guión es una teoría pero explicaría por qué los *Greys*, aunque parecen haber adelantado mucho con la tecnología de la ingeniería genética, todavía son incapaces de reparar errores en su código genético, ni diversifican su propio código a través de tales manipulaciones. Ellos, o han perdido algún día el conocimiento para estas manipulaciones, o simplemente usan el conocimiento que otra civilización les dio, sin entender lo que debían hacer.

APARIENCIAS FÍSICAS

Otra evidencia que aportan los informes de las personas raptadas es la apariencia física de los *Greys*. Según los abducidos y ciertos informadores gubernamentales, el perfil físico siguiente puede ser el que corresponde realmente a los *Greys*:

- Una estatura media de 1,2 m a 1,2 m para los líderes de los raptos, y 0,9 m a 0,9 m para los obreros o seres con una forma humanoide global.
- Su color superficial es ligeramente gris oscuro y la piel parece no tener poros.

- La cabeza es proporcionalmente grande y tiene una forma de triángulo invertido en el plano vertical. El área trasera del cráneo es grande y redondeada, y los ojos son grandes y sesgados.
- Los brazos y piernas parecen ser muy delgados.
- El cuello es largo y delgado y no parece adecuado para soportar el peso de la cabeza.
- No hay genitales visibles en los seres que parecen ser masculinos, ni se percibe una protuberancia púbica a través de la ropa.

Estos informes parecen apuntar a la misma conclusión: los *Greys* son seres estériles, sin órganos sexuales. Las descripciones de los cuerpos de los *Greys* ilustran su igualdad: los cuerpos son muy similares, con cambios sólo ligeros en las proporciones y ciertas diferencias estilísticas que se observan en sus cabezas. Sin embargo, incluso sin órganos sexuales, los *Greys* parecen tener género, y no son absolutamente neutros. Los géneros, sin embargo, parecen estar determinados completamente por la mente, con los cuerpos que son idénticos entre sí.

El informe de los abducidos indica que algún *Grey* parece femenino, mientras otros son muy masculinos. Esto parece apuntar a una cierta diferenciación de sexo más mental que física y que deja sólo el modelo mental para demostrar las diferencias entre los varones y las hembras en la infraestructura social *Grey*. También debe notarse que las *Greys* hembras muy raramente han podido ser vistas, y parece ser que son estériles e incapaces de tener descendencia. Los varones normalmente son los seres que más se ven, y una deducción simple nos dice que las hembras *Greys* son pocas y deben permanecer aisladas por alguna razón, quizá para prevenir su pérdida o como almacenes genéticos. No obstante, aunque los *Greys* no puedan engendrar naturalmente, debido a una falta de órganos sexuales, los métodos artificiales deben estar incorporados en su sociedad con normalidad, aunque solamente sea para prevenir el fin de la especie.

Origen cetáceo

Basada en la evidencia de su apariencia física, puede hacerse la hipótesis siguiente: los *Greys* descienden de un delfín o una forma de vida basada en los cetáceos. Hay varias razones para esta suposición y la respuesta puede encontrarse en las similitudes físicas entre los cetáceos y los *Greys*.

Primero, permítanos examinar las características físicas. La piel de un *Grey* es muy similar a la de los delfines en la textura y, en la mayoría de los casos, el colorido. En la Tierra, los cetáceos tenían piernas y brazos durante la evolución en tierra, pero cuando volvieron a los océanos, los brazos y las piernas evolucionaron en patas y colas. Un análisis radiográfico muestra claramente los accesorios residuales en delfines modernos y las ballenas. Su estructura esquelética es comparable a la de los mamíferos de tierra, tanto en la colocación como en los tipos de huesos. Es posible que los *Greys* se desenvolvieran de forma similar a los delfines terrestres, pero no volvieron a los océanos, sino que continuaron desarrollándose en tierra como los mamíferos.

También es significativa la forma del cráneo: los *Greys* tienen una gran área cráneal redondeada en las secciones anteriores y posteriores superiores de sus cráneos. Un examen del cráneo del delfín muestra áreas anteriores y posteriores grandes, redondeadas y muy similares. Los ojos de los *Greys* se describen como grandes y negros, con lo que parece ser un escudo proteccionista cubriendo el ojo. Muchos de los animales acuáticos terrestres han desarrollado escudos exteriores en los ojos para el uso debajo del agua. Es posible que esto sea un atributo de los *Greys* originado en su anterior existencia acuática o quizá desarrollado precisamente cuando efectuaron el paso a la superficie. Otro factor es el color oscuro de este escudo del ojo. Sugiere que están diseñados para funcionar correctamente en ambientes muy iluminados, ofreciendo así un filtro para atenuar el exceso de luz. En los océanos, esta particularidad sería útil en los peces que viven en aguas superficiales, siempre expuestas a la luz solar, o también en planetas intensamente sometidos a la luz solar o que las noches sean especialmente cortas. El color oscuro de sus ojos indica que absorben casi toda la luz que entra en ellos y crea la apariencia de oscuridad en el interior del ojo. Si esto es cierto en la superficie posiblemente cuenten con un sistema de orientación por sonar, tan preciso como el órgano de la visión humana o el sistema de los murciélagos.

Aspectos y similitudes

Hay también varias similitudes entre los *Greys* y los delfines. Los delfines usan un sonar muy eficaz para navegar y aturdir a las presas y enemigos. Este aturdimiento es de interés particular en este caso. Los delfines pueden emitir poderosos estallidos ultrasónicos desde la sección anterior de sus cráneos, que usan para aturdir especialmente a los tiburones y barracudas.

Existe una película excelente creada por un grupo de estudiantes mientras buceaban, en la que muestran a un grupo de delfines aprovechando esta habilidad contra unas barracudas muy grandes. La barracuda estaba nadando hacia un grupo de delfines muy jóvenes. Cuatro delfines adultos grandes se volvieron alineando sus cabezas directamente contra la barracuda, y emitieron un estallido ultrasónico sostenido. El efecto en la barracuda fue intenso. Se quedó literalmente congelada, completamente paralizada en el agua, con las agallas totalmente inmóviles. Los delfines la miraron fijamente durante aproximadamente treinta segundos al tiempo que la barracuda permanecía totalmente inmovilizada. En cuanto ellos volvieron sus cabezas y el flujo ultrasónico ya no enfocó a la barracuda, el animal huyó a gran velocidad del lugar. Obviamente, este haz fue enfocado herméticamente, y exigía apuntar la cabeza del delfín directamente al blanco.

La fuerza del haz ultrasónico también podría cambiarse. Al cazar, los ultrasonidos podrían dirigirse al pez y amplificarse hasta niveles letales que podrían causarle la muerte al instante. Algunos investigadores de cetáceos creen que esto también se usa cuando los delfines aprisionan a los tiburones. Las autopsias de los cadáveres de tiburón después de un ataque de los delfines revelan que los tiburones tienen los órganos internos visiblemente estallados.

El haz también puede controlarse para producir un efecto de aturdimiento, como en el caso de la barracuda. El resultado es una parálisis física y desorientación. Este fenómeno es muy similar a la técnica efectuada por los *Greys* como ayuda a su poder telepático con los abducidos. Las similitudes son abrumadoras. Casi todos los abducidos cuando son raptados son paralizados por los *Greys*, y se quedan desorientados mentalmente.

La mirada

La cosa más llamativa en la mayoría de ellos es lo que se conoce como «mirada fija». Esto ocurre cuando la mirada de un *Grey* se dirige directamente a un abducido, pues esto ocasiona una captura rápida y sin resistencia. Los abducidos informan que son incapaces de cualquier movimiento, y tienen un sentimiento de gran desorientación mental. En algunas raras ocasiones, los abducidos dicen que los efectos disminuyen cuando el *Grey* está más lejos de ellos. Esto indica claramente que la intensidad del efecto es directamente proporcional a la dirección o enfoque de la parte delantera de la cabeza *Grey*. Esta evidencia lleva a la hipótesis de que los *Greys* acostumbran a emplear el haz ultrasónico junto con la telepatía para paralizar a un abducido durante un rapto.

El término «mirada fija», como la llaman los abducidos, se refiere al posicionamiento del área del cráneo anterior del *Grey*, que equivale a la misma del delfín y con la cual logran la mayor concentración de haz en el abducido. Cuando las miradas de los *Greys* están lejos, el haz queda menos enfocado y el efecto disminuye, lo mismo que cuando el *Grey* está momentáneamente distraído.

La descripción de la cabeza *Grey* es: normalmente grande, triangular y redondeada delante y atrás. Esto hace pensar en una estructura del lóbulo del cerebro trasera y fronteriza, grande y redondeada, muy similar a la estructura física del cerebro de un cetáceo. Es la diferencia principal entre el cetáceo y el cerebro de los humanos. Se piensa que esta forma redonda grande es una adaptación del cerebro del cetáceo para manejar el enorme flujo de datos que reciben para su sistema de orientación y otras facultades de comunicación especiales, como la telepatía. También debe notarse que en raras ocasiones los abducidos perciben sonidos verbales de los *Greys*, descritos como charlas a alto volumen. Éstos son similares a la vocalización de los delfines.

Mientras la estructura del cerebro de los *Greys* ha permanecido básicamente constante, puede asumirse que la habilidad para orientarse mediante sonar o radar de los *Greys* ha disminuido o se ha atrofiado casi completamente. Todos hacen, probablemente, un uso pequeño de esta facultad, lo que podría ser una consecuencia de sus clonaciones.

Orígenes de los Greys

Debido a nuestro desconocimiento de los orígenes de los *Greys*, o simplemente de cómo han evolucionado los cetáceos o las consecuencias de la clonación continuada, deben explorarse varias posibles conclusiones. Una es que podría ser posible una evolución simple mediante una auto-manipulación genética posterior o la manipulación de los cetáceos por una especie externa. No hay ninguna evidencia subsecuentemente, ni ningún dato absoluto, así que cualquier posible teoría de los orígenes que pueda desarrollarse debe juzgarse como posiblemente defectuosa, hasta que puedan recogerse más datos.

Cetáceos evolucionados

Una explicación simple para los orígenes de los *Greys* sería un proceso evolutivo similar al de los humanos, pero con un antepasado cetáceo como opuesto a un antepasado primate. En un momento dado, en lugar de volver a los océanos, o abandonarlos, el cetáceo simplemente evolucionó como un morador de tierra, mientras retenía los rasgos rudimentarios de sus antepasados, del mismo modo que los humanos todavía retienen el pelo del cuerpo, el apéndice y un grupo de huesos fundidos de la cola.

En otro momento, las especies evolucionaron más rápidamente, crearon una base tecnológica de fuego (obviamente, imposible bajo el agua) e hicieron una sociedad compleja. Algunos siglos después, los *Greys* o tuvieron un gran accidente natural o padecieron otro evento que les ocasionó la degeneración de su código genético. También es posible que decidieran que el azar de las mezclas genéticas ocasionadas por la reproducción sexual era inadecuado para su sociedad, y se embarcaron en la clonación como un medio para superar su problema.

Después de un periodo de tiempo, el conocimiento de la genética, así como el avance de la tecnología, permitió versiones más avanzadas creadas en sus máquinas genéticas y el resultado es una sociedad que depende de sus máquinas para la supervivencia de la especie. Esta teoría está apoyada por razones esgrimidas por los raptos, pero no existen pruebas seguras.

Los «amos»

Otra de las posibles teorías empieza con una forma de vida evolucionada como cetáceos en otro planeta. Los cetáceos de la Tierra son diferentes, pues ellos no volvieron nunca de los océanos, sino que se adaptaron y mezclaron con otras especies marítimas. Esta especie (llamados los «amos») necesitaba una fuente de trabajo mediante esclavos, y por eso buscaron especies menos inteligentes que podrían manipular genéticamente para ser usados más eficazmente.

Asumiendo arbitrariamente que este periodo de tiempo era aproximadamente de un millón de años, la mayoría de las especies que había en ese momento en los océanos habrían sido delfines y ballenas. Esto también podría haber sido posible en otro planeta, donde una especie similar evolucionó en lugar de un primate. Bajo esta teoría, los *Greys* capturaron antepasados de cetáceos y los alteraron genéticamente, generando una especie de bípedos capaces de trabajar para los «amos». Sin embargo, después de un tiempo, al parecer los *Greys* se rebelaron, se independizaron y usaron la tecnología de los «amos» para su desarrollo y bienestar.

Esta teoría explicaría la falta de conocimiento sobre las alteraciones genéticas de los *Greys*, y por qué no pueden hacer mejor su propio código genético artificialmente. Ellos pueden manipular la tecnología, y lo hacen con eficacia, pero son incapaces de entender los aspectos teóricos reales y el funcionamiento real de sus facultades, lo que les obliga a la necesidad de raptar humanos.

Otra posibilidad es que los *Greys* no pueden ser independientes de sus «amos» y posiblemente sigan controlándoles y manipulando a los *Greys* por razones propias. Se considera a menudo que los «amos» son como unos reptiles en esta teoría.

Conclusiones

Las conclusiones finales basadas en estas evidencias son que los *Greys* fueron desarrollados artificialmente, o por personas desconocidas, o por ellos mismos, y que los *Greys* evolucionaron de una forma cetácea procedente de otro mundo. Un cetáceo sería la forma de vida desarrollada naturalmente en ese planeta que evolucionó naturalmente, o se aceleró en su evolución artificialmente mediante ingeniería genética, y más tarde empleando la clonación como su única forma de reproducción. Debido a ello, la sucesión genética quedó degradada después de cada clonación, llevando así a la razón para el rapto de los humanos, como un método de reparar el daño en su propio ADN (u otro material genético), así como agregando nuevas sucesiones y mejoras a los genes de los clónicos.

La ciencia

La ciencia moderna es un fenómeno asombroso, y las personas naturalmente se maravillan al ver cómo funciona. Extrañamente, la ciencia nunca ha estudiado completamente el fenómeno ovni, por lo que nosotros tenemos una serie de respuestas diferentes a esta pregunta, algunas de ellas exactas y algunas ridículas. Desgraciadamente, las respuestas disponibles son muy populares y las que proporcionan algunos filósofos han resultado ser peores e inútiles. Más aún, se cree ahora que esas suposiciones son la verdad simple sobre cómo la ciencia procede ahora a desarrollar un nuevo conocimiento.

Las discusiones sobre la metodología de la ciencia están envueltas en una terrible confusión porque la frase «es un método científico» se usa de dos maneras muy diferentes, una apropiada y otra inadecuada. La apropiada habla de que la ciencia es un proceso poderoso para entender y mejorar la existencia. La inapropiada es que las personas que usan la frase de esta manera tan general pueden estar criticando cualquier dogma o creencia que no esté avalada o certificada por ellos. Esto nos lleva a prejuicios, inquisición científica o un desprecio a cualquier consecuencia y método empírico. Aunque vago, éste es el uso más general de la frase «ciencia».

Por otro lado, la frase también se usa normalmente en un sentido mucho más específico, igualmente engañoso, que implica que solamente hay un único método normal para el progreso científico. Pero no es cierto, pues no hay tal único método para el progreso científico, sino muchos métodos, y la mayoría no se enseñan a los estudiantes en las facultades. «El Método Científico», por tanto, es un procedimiento sincero e involucra probar todas las hipótesis derivadas de las teorías, pero no el único válido.

La hipótesis deductiva es un esquema que se enseña a los estudiantes superficialmente, por lo que no ha conseguido desarrollarse en absoluto como método. Se pensó en un análisis lógico de cómo las teorías científicas necesitan el apoyo de la evidencia, y se desarrolló como un proceso que intencionalmente excluía los procesos de un descubrimiento científico. Las pocas personas que aprenden esta noción saben que es un camino complejo procedente de una fuente inestable (especulación filosófica), o que esta investigación real y sus beneficios para la ciencia todavía están en su infancia.

EXPERIENCIAS DE RAPTO E INVESTIGACIÓN

Conteste a cada pregunta con «sí» o «no».

1. ¿Toma usted más vitaminas que la mayoría de las personas?
2. ¿Tiene usted problema de senos nasales o dolores de cabeza tipo migraña?
3. ¿Se siente con especiales facultades psíquicas?
4. ¿Se siente en secreto que es especial o escogido?
5. ¿Tiene problemas para dormir por las noches por razones inexplicables?
6. ¿Ha considerado usted en serio o instalado algún sistema de seguridad para su casa aun cuando no exista ninguna justificación?
7. ¿Tiene sueños de volar o estar fuera de su cuerpo?
8. Cuando era niño o adolescente, ¿había un lugar especial que usted creía tenía un significado espiritual y que mantenía en secreto?
9. ¿Oyó alguna vez en su vida una voz dentro de su cabeza, que hablaba con usted cuando era niño o adulto, que no era la suya?

10. ¿Experimentó en la vida un periodo de tiempo mientras estaba despierto en el cual no podía recordar lo que había hecho durante ese periodo? Este tiempo perdido puede haber sido una media hora, varias horas, un día entero o más. No conteste «sí» para los lapsos de memoria debidos a la conducción de automóviles, borracheras, dolor crónico, enfermedades, agotamiento, efectos de la medicación, mente alterada por drogas, o estar perdido leyendo un buen libro.

11. ¿Ha visto usted caras o seres que se le acercan estando en la cama y que no son explicables?

12. ¿Ha visto usted alguna vez un ovni?

13. ¿Ha visto usted alguna vez un ovni a una corta o media distancia?

14. Si ha visto un ovni, ¿le ocurrió cuando caminaba, conducía o en sueños?

15. ¿Recuerda frecuentemente haber despertado dentro de un ovni y estar junto a sus ocupantes?

16. ¿Siente miedo o ansiedad cada vez que habla, lee o piensa sobre aliens?

17. ¿Ha tenido algún avistamiento múltiple de ovnis?

18. ¿Es usted más sensible a los problemas que afectan a la Tierra, su ambiente y la vida que otras personas?

19. ¿Tiene sueños donde los seres superiores, ángeles o extraterrestres están educándolo sobre la humanidad, el universo, cambios globales o eventos futuros?

20. ¿Tiene en su casa sonidos inexplicables, apariciones o eventos raros que se atribuyen a las fantasmas?

21. ¿Ha tenido hemorragias nasales cuando era niño o adulto, o ha encontrado manchas de sangre en su almohada por razones inexplicables?

22. ¿Han revelado las radiografías objetos inexplicablemente alojados en su cuerpo?

23.   ¿Se ha despertado y ha descubierto marcas inexplicables o cardenales en su cuerpo?

Más de un 30 por 100 de contestaciones positivas indicaría que posiblemente usted haya sido objeto de un contacto con extraterrestres, aunque ahora no lo vea como tal. Si es así, debe contactar con personas expertas en el tema y hacerles partícipes de sus experiencias.

Evitar el rapto

Para combatir los raptos alienígenos tiene que saber algo sobre cómo son ellos y lo que le pueden hacer. Los «forasteros» están invadiendo su cuerpo con engaños y aprovechándose de su miedo. Ellos también tienen la ventaja de que usted piensa que cualquier extraterrestre es invencible. Lo importante es que no malgaste su tiempo con el escepticismo e intente luchar. No importa si usted está interesado en materias metafísicas o espirituales, pues nada de esto necesita para combatir a los aliens.

Pero si está convencido de haber sido objeto de un rapto, ahora estará siendo parcialmente «forzado» en cierto modo. Esos seres no pueden controlarle totalmente cuando está despierto, por lo que esperarán a que se duerma. Como todas las personas, la energía corporal en ese momento está «separada», aunque no necesariamente fuera. Por eso los seres responsables esperan el momento de esa separación entre cuerpo y mente para actuar. Entonces, asumiendo la forma de un *Grey*, reptil o nórdico (los tres suelen ser las formas habituales de presentarse), preparan una fuerza sutil que le mantiene a usted flotando lejos. Puesto que se encuentra en un estado similar al sueño no puede hacer nada por evitarles o despertarse.

Pero...

Cuando ese componente etéreo sale de su cuerpo, separado ya de su cuerpo físico, no solamente puede volar sino que puede caminar, flotar, pasar a través de las paredes y viajar por el espacio. Este cuerpo energético puede fluir alrededor de los electrones diminutos y núcleos de materia que le permiten la penetración en los cuerpos sólidos.

Las personas que han conseguido proyectarse fuera de su cuerpo aprenden que este segundo cuerpo es controlado solamente por el pensamiento. También pueden cambiar de forma, estirar sus brazos cinco veces su longitud, hacerse más altos, más gordos, o parecer animales. Sin embargo, al no estar compuesto de materia corporal la energía es el doble que en el cuerpo físico.

También, al estar proyectado fuera del cuerpo experimentará lo que se denomina como «baja vibración» que le permite que otros puedan verle, siempre y cuando pueda concentrarse lo suficiente. De esta manera, alguien que está fuera del cuerpo se vuelve, en efecto, un fantasma temporal. Pueden parcialmente «materializarse» (hacerse visibles).

Todas estas experiencias, tanto en el neófito como en el experto, son solamente uno de los problemas que suelen darse en las abduciones.

¿QUÉ SON LOS JINNS?

Un porcentaje pequeño de raptos por extraterrestres realmente es físico y podría describirse como una cosa real. ¿Quién o qué lo está haciendo?

Durante centenares de siglos en varios lugares, en particular Irlanda y en otros lugares de las islas Británicas y Europa, las interacciones con estos seres han estado siendo consideradas como cosas de espíritus, hadas o ángeles, aunque mucha gente los menciona globalmente como *Jinns*.

Las hadas han sido transformadas por nuestra cultura cayendo hacia formas cómicas o deleitables, como «El Hada Azul», «Campanilla» u otras. Había realmente «buenas» hadas en la tradición irlandesa, pero algunas han pasado a la literatura por sus malas artes. Estas «hadas» han estado secuestrando a las personas en sus sueños durante siglos y por ello la cultura irlandesa ha propuesto una plétora de maneras para prevenirse contra las hadas.

Existe un libro, cuya autora es Ana Druffel, en el cual vienen una serie de detalles para evitar el rapto por los secuestradores extraterrestres y las hadas, pues ambos forman parte de una inteligencia que gusta de los humanos, pero que se mantienen en un nivel vibratorio más alto sin cuerpo físico. Esto ocasiona que no tengan reparos en atormentar y torturar a sus presas, pues piensan que no sufren en realidad, tal como hace un muchacho cuando pisa a una hormiga o quema la cola a una lagartija.

La mayoría de los *Jinns* son principalmente buenos y viven en el desierto; de hecho, aparecen con la naturaleza. Los *Jinns* tienen pensamiento libre y pueden ser buenos o malos, así como cambiar de forma para engañar a los humanos. Esos pocos *Jinns* de naturaleza malvada, que disfrutan haciendo daño a los humanos, son los causantes de los raptos.

Inconscientemente, los propios pensamientos de los humanos ayudan a estos acosadores a formar el ambiente propicio. Nosotros esperamos encontrar una nave, un cuarto de examen y sus instrumentos, seres humanoides y telepatía para comunicarnos con ellos. Todo un ambiente creado por la mente de las víctimas y que hace que los *Jinns* se parezcan a unos inteligentes y benévolos *Greys*.

¿Son malos todos los *Jinns* que actúan con los humanos? Quizá no. Muchas personas raptadas dicen que los seres que les han apresado parecían buenos y estaban interesados por los humanos. Algunos incluso han sido curados de sus enfermedades simplemente restaurando los niveles de energía.

¿Es posible hacerse amigos de los Jinns?

Yo no pasaría por alto esta oportunidad si se diera. La parte fundamental es que exista una relación amistosa y que nos proporcionen sus maravillas tecnológicas o filosóficas. Hay quien afirma que esta amistad es tan sólida que hasta se han «casado» con ellos, sin que esto deba entenderse en el sentido estricto de la palabra. De cualquier manera, la prudencia con estos seres debe ser la norma habitual, así como la desconfianza, pues existen pruebas de su afición por la mentira y el engaño e incluso los más benévolos aparentemente suelen esconder un fondo de maldad.

Si su experiencia con los raptos o cualquier otra interacción con una forma de vida extraña solamente aparece por la noche durante el sueño va bien, usted es el juez sobre si le conviene continuar o borrarlo de su mente. Los *Jinns* buenos proceden todos del mismo sitio, pero su misión es ayudar a las personas que han sido raptadas a que ordenen sus ideas en el cerebro atormentado.

Métodos de resistencia

Ahora presentaré una serie de métodos para resistirse o detener lo que denominamos rapto por extraterrestres o *Jinns*, aunque suelen fallar en cierto número de abducciones.

Uso de la luz

No se trata de la «luz blanca» metafísica que se usa para sanar y viajar después de la muerte, sino de la luz física. Los humanos tienen un miedo instintivo de la oscuridad. Los psiquiatras han teorizado durante años que esto tiene su origen en la vida en las cavernas, cuando estábamos sujetos al ataque de los carnívoros. Los pozos también podrían ser parte del miedo genético, aunque hay quien está seguro de que la causa está en los diez mil años de experiencia con los *Jinns*.

Este miedo a la oscuridad puede tener razones lógicas muy legítimas, pues nos deja sin defensas, somos torpes e incapaces para aprender. Salvo para amar, la oscuridad no parece un bien sino un defecto de la creación. ¿Pero por qué está tan inculcado en nosotros dejar una tenue luz al acostarnos o encender las luces rápidamente de noche cuando oímos un ruido?

No obstante, la luz que tanto nos gusta no parece ser del agrado de los aliens, así que pongamos luz abundante en nuestro dormitorio. ¿Pero cómo se puede dormir con la luz del techo iluminando nuestra cara? Para este caso están las lámparas de mesilla. Sus sombras difunden la luz y no inciden en nuestros ojos. También, considere usar una luz de lectura montada en la cabecera de la cama con una visera orientable.

Si no le molesta, use una venda o antifaz para dormir. Algunas personas viven donde hay mucha luz fuera que luce toda la noche y no les permiten dormir, y esas máscaras les cubren los ojos completamente.

También puede poner una lámpara de bajo consumo, de apenas cinco vatios, como las que iluminan la alcoba de los niños o las que están en las luces de emergencia. Ese gasto adicional ni siquiera lo notará en su factura mensual.

Alarmas

También puede poner una alarma lumínica que se active mediante los mismos sensores de las alarmas para coche o del hogar. Para esto emplee un suministrador de energía como los que venden en las tiendas de ordenadores. Estos elementos contienen una fuente eléctrica muy alta, suficiente para alimentar un ordenador, pero solamente funcionan cuando la corriente eléctrica habitual se interrumpe. Se denominan UPS y su batería es capaz de suministrar hasta 300 voltios durante veinte minutos o más desde el momento en que se encienden. Aunque estas baterías son esencialmente de 12 voltios, su sistema les permite aumentar el voltaje hasta los 220 que se emplean en Europa. Si conecta a esta batería un par de fluorescentes de 25 vatios cada uno, tendrá una potente luz que le servirá perfectamente para iluminar su habitación. Igualmente puede tener a mano una potente linterna, pero asegúrese de tenerla bien cerca de su cama.

Ahora, además, necesitará una alarma fuerte, como una campanilla fuera de su cuarto que alerte a todo el mundo de los alrededores. Las tiendas que suministran las alarmas le aconsejarán la más adecuada, pero no les diga que pretende ahuyentar a un extraterrestre. Instale igualmente una alarma como las que tienen los enfermos que están monotorizados en un hospital y que le alertará si la energía se ha ido.

Como verá, lo más importante es despertarse cuando alguien entre en su cuarto y que las luces de emergencia permanezcan encendidas al menos una hora. Si está totalmente despierto y la habitación bruscamente iluminada, probablemente los Jinns no podrán raptarle en estas condiciones.

Resistencia física

Una vez todo en orden, ahora deberá estar listo para usar la fuerza física para oponerse a sus manejos. Ya sabe que debe estar completamente despierto y con el menor miedo posible en su cuerpo. La serenidad le permitirá ponerse a salvo, pero el terror le dejará paralizado y sin respuesta. Si el *Grey* ha salido de su cuarto pero teme que vuelva a presentarse esa noche, beba café, té de coca, o tome guaraná, pero manténgase despierto. Muévase y refrésquese la cara, y recuerde que debe mantenerse despierto hasta que sea de día y pueda iluminar su cuarto abriendo totalmente las ventanas. En ese momento puede intentar dormir de nuevo, si es que sus nervios se lo permiten.

En el supuesto de que sospeche que están cerca

Tome la linterna eléctrica y enciéndala, mire alrededor, hacia las casas de los vecinos, y observe si sus hogares están en oscuridad lo mismo que las luces de la calle, lo que indicaría un apagón general, no el trabajo de los Jinns. Pero si usted está teniendo a menudo problemas con visitas de Jinns, como todas las noches, debería considerar dejar su casa para acudir a un lugar iluminado. Normalmente, el efecto de su poder sólo se limita a ciertas áreas. Saliendo a otro barrio encontrará la iluminación habitual y allí no tendrá peligro.

Si las visitas nocturnas le intimidan, debería vivir en una zona muy poblada con numerosos comercios y luces de ambiente. También sería conveniente que dispusiera de un generador de emergencia como los que poseen los hospitales. Si ya lo tiene, procure que actúe sobre aquellas zonas de la casa especialmente importantes, como su alcoba, el salón y la entrada. No se olvide que los interruptores de ese generador deben estar ocultos a los *Jinns* y que los propios campos magnéticos y eléctricos del generador, junto con el hierro, son una buena pantalla repelente. Y en el supuesto de presentir una visita de los *Jinns*, no se olvide de verificar el gasoil, sin descartar la propia astucia de los *Jinns* para estropear su generador.

Ahora, si su casa está sin suministro eléctrico, debe levantarse y chequear todas las casas de sus vecinos para ver si disponen de luz, así como las farolas de la calle. Asegúrese que las personas están completamente despiertas y con sus luces dispuestas. Después vaya al generador y compruebe que funciona correctamente y que no ha sido manipulado. Si fuera así, los *Jinn* estarían cerca.

No obstante, tenga en cuenta que aunque no puedan raptarle pueden atormentarle con mensajes telepáticos o sonidos fuertes. Prepárese para usar métodos de resistencia física y tome alguna arma blanca, así como palos de golf o bates de béisbol. Tenga a mano también una poderosa linterna por si todo el sistema eléctrico falla bruscamente. Deseche también cualquier sentimiento misericordioso hacia ellos y esté preparado para golpearles contundentemente. Si hace todo esto, los *Jinns* se retirarán, pero si le ven débil le raptarán.

Si la electricidad se va y no consigue restaurar su poder, tendrá que dejar la casa durante esa noche. Vaya a la casa de un vecino y dígales que hay un merodeador por su casa, pero no les hable de alienígenas pues solamente conseguirá burlas y no ayuda. Incluso llame a la Policía. Todas estas actividades alejarán definitivamente a los *Jinns*.

Visitas más graves

Las tácticas anteriores realmente son para las visitas ocasionales. Si realmente es importunado por ellos todas las noches, y han aprendido a mantenerse al margen de sus recursos, o si el rapto incluye perturbaciones cotidianas, entonces considere un gran generador o una batería recargable lo bastante potente como para proporcionar luz durante toda la noche. Ese aparato lo encontrará en las tiendas de automóviles y barcos. Se trata de una batería de ácido que es capaz de proporcionar una energía considerable durante muchas horas, entre ocho y diez. Durante el día la corriente eléctrica habitual se encarga de recargarla. Estas baterías, no obstante, al llevar ácido emiten gas hidrógeno que puede explotar si mantiene los vasos destapados y existe un cigarrillo cerca. También recuerde que el hidrógeno es un gas que se almacenará en el techo, por lo que la batería tiene que estar situada bajo una ventana abierta. Si eso no es posible, puede montarla en algún tipo de carretilla con ruedas y sacarla frecuentemente al exterior.

Otra batería alternativa es la de níquel-cadmio. No emiten gas al recargarse e impulsarán la luz fácilmente toda la noche. Son algo más caras, pero, francamente, su situación atormentada con los Jinns no le permite ser avaro.

Forcejeo físico

Estos seres son físicamente poco fuertes; sin embargo, la mayoría de las personas están convencidas de que poseen fuerte musculatura o que su poder mental nos desplazará a varios metros de un golpe. También hay quien cree que llevan consigo algún tipo de láser o algo similar. Ha habido muchos casos de batallas físicas con ellos. Si los humanos todavía están en su cuerpo físico, ganarán la pelea sin dificultad. El problema es que los *Jinns* se mantienen lejos, pues son conscientes de su debilidad física, factor que podemos potenciar mediante el sistema de las luces descrito anteriormente.

Si usted les planta cara, posiblemente abandonen su intención de raptarle y se vayan en busca de una víctima más accesible, aunque no es fácil hacerles desistir y le puede llevar años lograrlo.

Veamos un ejemplo: Su casa entera está sin electricidad. Su alcoba es la única con luz gracias a su batería. Dispone de una hora escasa de luz para detenerles y echarles fuera. Ante todo, debe mantenerse despierto, así que olvídese de tumbarse en la cama esperando que se vayan. Tome sus armas y vaya en busca de ayuda si cree que no podrá hacerles frente en solitario. Una buena solución es acudir a un local de esos que abren las veinticuatro horas, pues suelen disponer de guardia de seguridad y buenos sistemas de alarma.

Los *Jinns* son conocidos por producir un sonido muy alto y agudo que irrita a los humanos. En ocasiones pueden transmitirlo telepáticamente, pero no es frecuente. También pueden oír sus pensamientos y, aunque no le pueden escuchar físicamente, oirán los pensamientos que producen sus palabras. Ignore lo que le hayan dicho sobre que son una raza superior o que están intentando ayudarle. Tampoco piense que toda resistencia es inútil.

Otros métodos de prevención

Si usted vive solo y si su horario de trabajo es flexible y está atormentado por los *Jinns* y sus intenciones, cambie sus horas diurnas por las nocturnas. Trabaje por la noche, duerma de día. ¿Cómo pueden ellos entonces atraparle? Sólo pueden venir de noche y en ese momento usted se habrá ido o estará preparado para atacarles. Obviamente, por supuesto, este plan es bueno solamente para alguien que viva solo y que no tenga familia para proteger y con un trabajo flexible.

Métodos de resistencia no físicos

Ahora dejaremos el área familiar como lugar de resistencia física y como búnker. A partir de ahora tenemos que reforzar nuestro espíritu o forma de energía, así como otros sistemas menos familiares. El forcejeo mental es un buen método, aunque requiere que usted tenga fe en ello, pues su eficacia está en relación directa con su confianza. Personalmente, creo que funcionan mejor todos los métodos de resistencia físicos, pero como realmente somos una mezcla de cuerpo y espíritu, debemos emplear todos los recursos. Eso requiere armas sumamente diferentes y métodos de resistencia.

De los métodos no físicos, los mejores son el «forcejeo mental» y los métodos relacionados, «enojo» y «rabia». Ninguno requiere fe en el sistema, sino solamente en usted.

Forcejeo mental

En ocasiones es posible que se haya despertado bruscamente por tener una pesadilla en la cual no podía moverse ni gritar. Bien, esto es normal bajo la mayoría de las circunstancias y les pasa a casi todos. A propósito, si sabe alguna técnica para efectuar salidas anímicas de su cuerpo, es una solución excelente para estos momentos. La hipnosis le permitirá desconectarse de su cuerpo y cuando se despierte se encontrará descansado y con su mente mucho más eficaz y clara.

Pero si ya le han visitado varias veces los aliens posiblemente sepan de estos recursos y traten de paralizarle. Si se despierta sin fuerzas para moverse y siente que hay «presencias» en su cuarto, o si los ve realmente y se asemejan a los *Greys*, inmediatamente ejecute el siguiente plan.

En lugar de intentar gritar o mover el cuerpo entero, concéntrese en mover simplemente un dedo (o dedos) del pie. Ignore lo que esos seres dicen o hacen. Pueden hacerle creer que es inútil esforzarse y que quieren ayudarle. Simplemente concéntrese en ese dedo del pie.

En cuanto pueda mover ese dedo podrá levantarse, aunque en algunas personas la hipnosis solamente disuelve el área del miembro en el cual se ha concentrado. Aun así, se encuentra en el buen camino. Continúe concentrándose y pronto se encontrará libre de cuerpo y mente. En cuanto usted se levante, arremeta contra ellos o tíreles algo sólido. Gríteles, encienda todas las luces y dígales que no tolerará nunca más estas agresiones.

Enojo y rabia

El forcejeo mental es bueno porque ha sido elaborado por su mente, pero posiblemente no sea suficiente. Debe mostrarse muy fuerte pues han invadido su territorio. No es el rapto lo que verdaderamente le hace estar irritado, con rabia, sino el que no sea voluntad suya ir con ellos.

Parece ser importante no provocar el odio de las entidades, aunque no por ello debe renunciar a emplear palabras contundentes como «¡Fuera!» o «¡Déjame!». Obviamente, es mejor emplear antes sistemas menos directos. Su actitud debe ser algo así: «Si queréis colaboración, bien, pero no molestéis a mi familia.»

Las entidades parecen entender este sencillo esquema de respuesta, y una vez que hayan afirmado sus deseos puede colaborar con ellos en su curiosidad científica. Algunos dicen que en el momento en que un abducido intenta demostrar mucho interés por sus avances tecnológicos, los *Greys* se repliegan y prefieren buscar a otra persona menos inquieta. Indudablemente estos dos métodos son muy delicados y requieren una personalización, por lo que no se puede dar una norma fija.

Apoyo de amigos o familia

Juntos, se puede presentar mejor batalla contra las entidades que molestan. Uno establece la guardia, otro simula cooperar, mientras algún otro puede intentar expulsarles sutilmente. Por ejemplo, si es la mujer la elegida, el marido puede encender las luces, activar la alarma u oponerse frontalmente con palabras tajantes. Frecuentemente la persona abducida empieza comentando un día lo que le está sucediendo con palabras como: «Estoy muy inquieta por las noches, pues veo cosas grisáceas que me dejan paralizada y que intentan sacar de mi cuerpo la energía.» Si el marido no considera que su esposa se está volviendo loca y la escucha serenamente, será siempre su mejor aliado.

Lo importante a la hora de buscar el apoyo de la familia es evitar cuanto antes la barrera del escepticismo o los comentarios sobre una presunta locura. El apoyo familiar puede hacer tanto bien como mal, si no no hay un deseo de ayuda eficaz. Por supuesto, la visita al psicólogo es la peor de las soluciones y tampoco hay medicamento que solucione algo así.

Delante de su familia fortalezca su resolución, disperse los sentimientos sobre «estoy loco» o «soy una víctima desvalida». Si usted está leyendo esto y alguien en su familia manifiesta estar siendo atormentado por *Greys* o fantasmas, por favor escúchele, apóyele y coopere con él. Y recuerde: no es raro que después de un tiempo las entidades empiecen a mostrar interés por otros miembros familiares. Así que tome las riendas de la situación en sus comienzos, entre decidido y ayude incondicionalmente a quien le necesita.

No se olvide que los niños son elementos predilectos para los *Jinns*. Si un niño ruega que le dejen la luz de su dormitorio encendida, hágalo. Recuerde que un niño es un espíritu sin edad que empieza una nueva encarnación.

Y no pase por alto a sus abuelos, sobre todo si ellos viven o provienen del viejo mundo, países como Irlanda, Alemania, Yugoslavia, Italia y otros. Suelen tener métodos para tratar a cualquiera de esos «espíritus oscuros». Consulte con ellos, pues seguramente podrían tener algo eficaz para expulsarles.

Intuición para saber que las entidades están llegando

Esto es muy interesante, pues posiblemente en un momento de su vida perciba que ciertas criaturas están llegando a su vida. Este sentimiento puede haber sido ignorado al principio y seguramente habrá pasado mucho tiempo hasta que se establezca el hecho de los aliens en su vida. Pero si ha notado algún tipo de sentimiento en este sentido no lo menosprecie, ni lo aparte de su mente creyendo que son tonterías o fantasías. ¡No lo ignore! ¡Prepárese!

Las entidades son probablemente muy intuitivas pues, de hecho, son formas del espíritu. Si presienten que usted está preparando una batalla, posiblemente abandonen. Su habilidad intuitiva puede desarrollar más resistencia que cualquier otra cuestión.

Remontándose fuera del cuerpo y efectuando ejercicios de concentración mental, mejorará sus habilidades psíquicas. Bien, este sistema puede ser empleado también por quienes ya han sido raptados. También, el subconsciente puede empezar preparando sistemas defensivos y sistemas para descubrir quién es el enemigo. También podría, si es creyente en ello, pedir ayuda a un espíritu guía o ángel guardián.

Sea cual sea el momento y la fuerza de su enemigo, debe empezar cuanto antes a mejorar su intuición y a prestar atención a todos los detalles. ¡La batalla ha comenzado!

Y aquí el apoyo de los miembros familiares puede usarse de nuevo. Quizá un miembro de la familia es más intuitivo sobre cuándo los raptores están llegando. En ese caso, esa persona puede ser el guardián. A veces, la persona intuitiva sabe cuándo un rapto está siendo efectuado en la persona de al lado, bien sea cuando duerme o está solo. Ellos, los familiares, pueden despertarle y detener el rapto allí mismo.

Métodos de resistencia metafísicos

Ahora empezaremos a mirar varios métodos de resistencia que exigen algún tipo de creencia o fe para que funcionen. Pero no se preocupe, no es tan duro como parece, especialmente si ya tiene alguna creencia en este sentido.

Anteriormente, hemos discutido el uso de la luz física como un repelente contra los Jinns, pero ahora estamos hablando de la luz metafísica.

Se puede usar «luz blanca» metafísica. Se emplea para estar relajado, cuando no hay situaciones de emergencia. Cerrando los ojos, hay que imaginar una luz blanca que entra del universo y se concentra en la cima de la cabeza. A estas alturas, la luz es líquida y fluye, llenando cada parte de la cabeza, fluyendo para besar, abrazar; bajando por el torso, las piernas y hasta los pies. Entonces, cuando estamos llenos de esta luz blanca, continúa vertiendo hasta que somos rodeados por una esfera oval alrededor de todo el cuerpo.

Después de usar este método blanco, las enfermedades por enfriamiento, como la gripe, disminuyen considerablemente, así como los cortes, raspaduras y otras mellas, que curarán rápidamente. También mejora el malestar ocasionado por estar de pie mucho tiempo, incluso los dolores de hombros o muñecas propios de los que trabajan con ordenadores. Esa luz blanca funciona tanto si piensa en ella como si no lo hace.

Pero...

¿Funcionará mientras estamos aterrados en una situación de rapto? Bien... mejor úsela antes del rapto. Mientras tanto puede usar otros repelentes, antes de que usted se duerma, pero después haga la visualización descrita anteriormente.

Si usted no puede visualizar la luz blanca, o le falta confianza en ella, intente encontrar un hipnoterapeuta certificado y pídale que le hipnotice con luz blanca y mientras lo hace grabe en una cinta la sesión. Entonces dispondrá de una cinta para ayudarle a realizar el procedimiento antes de dormir. Pruebe la luz blanca junto con los otros métodos, pues su empleo es simple y suele funcionar, tanto si cree en ello como si es escéptico.

La oración y otros poderes espirituales

Si lo hace hágalo en serio. Ciérrese en un cuarto con llave, luz baja; siéntese o arrodíllese, quédese callado con los ojos cerrados y rece a su Dios para que Él le proteja de los raptores. Los resultados pueden ser instantáneos o tardar un rato. Algunas personas creen que Dios está demasiado «ocupado» para atender esas oraciones extrañas individuales, y para no molestarle rezan a los ángeles que parece se dedican de un modo más directo a cuidar de los seres humanos. No sabemos si los Greys y los Jinns cuentan igualmente con un dios todopoderoso, aunque posiblemente se trate de la misma divinidad.

Si usted cree en alguna religión o ángel de la guarda, no dude en rezar hasta que le respondan. Ya sabe que los entes divinos no suelen comunicarse por medio de palabras, más bien de señales; así que esté atento a cuantos signos nuevos aparezcan en su vida. Hay quien asegura que el mejor de todos para protegernos de un rapto alienígeno es el arcángel San Miguel. Por supuesto pueden usarse juntas la luz blanca y las oraciones durante un rapto, pero el requisito imprescindible es la concentración. Si se encuentra temeroso, o en algún ambiente raro, la concentración puede ser difícil.

Repelentes

Nosotros ya mencionamos los repelentes físicos pero aquí describiremos aquellos que tienen un componente metafísico. ¿Cómo podrían trabajar juntos? ¿Cómo puede impedir el espíritu de una flor la llegada de un Jinn? Indudablemente el secreto está en el mismo elemento metafísico, y probablemente en la creencia del usuario en ello.

Si el asunto con los Jinns es complejo, mejor no los emplee como primera defensa. Pero tampoco tenga ningún pensamiento negativo, pues se volverá contra usted. Si quiere emplear el influjo de las flores para que le protejan, como antes se hacía para ahuyentar a los demonios, consulte a un maestro herbario o un libro, pues hay muchas hierbas bastante eficaces. Entre ellas están:

- Ruda: Rechaza formas de pensamiento negativas. Era usada por los celtas para mantener alejadas a las hadas malas, y para los Jinns. Fortalece el cuerpo astral. Se ha usado para abortar embarazos no deseados, así que si está embarazada o desea estarlo no la consuma.
- Milenrama: Se trata de una hierba perenne de Europa y América del Norte. La más eficaz es la milenrama común o millefolia, con flores blancas pequeñas, suave olor y sabor picante. Protege de las formas de pensamiento negativas y las emociones extremas.
- Hipérico: Una de las hierbas más eficaces. Ayuda a vencer el miedo y la paranoia. Se dice que es útil para alguien que quiere proyectar su alma del cuerpo. También, que mantiene a la persona inmune contra los hechizos y las hadas malas.

Vea si en su tienda esotérica hay algún tipo de cruces férricas o imanes de herradura. Dormir con cruces o imanes cerca se ha usado en el pasado para defenderse de los malos espíritus. También le puede servir poner un gran crucifijo en la cabecera de su cama. Le protegerá aunque los *Greys* no crean en Cristo.

También hay quien recomienda extender sal alrededor de la casa o en ciertos cuartos. Se supone que eso aleja a las hadas y *Jinns* malos. Una persona preocupada por los raptores extendió sal alrededor de su cama y eso fue suficiente para mantenerlos lejos. No pierde nada, salvo unas monedas, por probarlo. La sal parece una medida muy simple y si usted está esperando otra visita esa noche o dentro de los próximos dos o tres días, consiga gran cantidad de sal marina sin refinar y viértala alrededor de su cama.

Hipnosis

Éste es un método que se debe agregar a su larga lista de recursos para defenderse de los extraterrestres. No es algo que pueda ser empleado esa misma noche, pero si encuentra un hipnoterapeuta que esté al tanto de los fenómenos metafísicos y los raptos alienígenas, sin duda le ayudará.

Este profesional tendrá que estar deseoso de trabajar con usted y hay muchos que creen en estos raptos, aunque suelen ser muy escépticos en cuanto a las probabilidades de evitar el rapto. Seguramente les gustaría ser partícipes de esta experiencia que a ellos les parece extraordinaria, pero sáqueles de su error y hágales ver que es un asunto aterrador.

Volver de un rapto

El principal problema es conseguir que su experiencia quede grabada en su mente. Lo habitual es que se pierda la memoria y que los débiles recuerdos confundan, más que aclaren, al sujeto raptado. Los expertos dicen que nos encontramos con algo que aún no podemos entender ni asimilar, ni mucho menos controlar, pero inténtelo a pesar de todo. Si abandona, si cree que nada puede hacer contra estos seres, terminará siendo raptado y pasando una mala experiencia.

Recuerde que los raptores solamente son superiores tecnológicamente, pero no física ni mentalmente. Su mayor enemigo no son ellos, sino su propio miedo.

LA ÚLTIMA HISTORIA

Mi padre, el militar

Yo recuerdo ese día de verano claramente, aunque el año exacto pudiera ser el 1966. Mis padres residían en una vivienda anexa a un aeropuerto militar cercano a Washington, DC, no lejos del Pentágono. Nosotros almorzábamos en el restaurante del aeropuerto. Un día mi padre tuvo que irse de maniobras en un reactor en ruta hacia Alemania y retornó después de una semana. Regresó convertido en un adolescente interesado en la electrónica y las muchachas, aunque no noté un cambio que indicase un trauma o algo similar.

Cuando se retiró del servicio activo trabajó como escritor de discursos para el presidente Johnson, cargo que ejerció hasta que murió. Cualquier hecho sobre ovnis no figuraba hasta entonces en mi pensamiento y mi padre se refería a ello como materia no clasificada, que quería decir «prohibido hablar». Alegaba que hasta que no se viera un ovni en medio de Washington no se admitiría su existencia.

Sin embargo, cuando mi padre volvió de Alemania espectacularmente rejuvenecido pensé que me gustaría saber las causas de ese hecho, pero él no parecía recordar nada en especial. Varios años después nos fuimos a vivir a Florida, donde permanecimos hasta su retiro. Era el año 1973 y mi madre había muerto de cáncer; mi padre atravesaba la peor época de su vida, sin ocupación y sin la compañía de mi madre.

Una de las cosas que más le perturbaron sobre la muerte de mi madre es que ella gozaba de buena salud. Hacía ejercicio, había dejado de fumar hacía ya diez años, mantenía una dieta saludable, comía muchas verduras y bebía jugo de verduras (zanahorias, apio, etc.). Pero a pesar de todos estos procedimientos saludables, ella enfermó de cáncer y murió. Los doctores, la quimioterapia y las oraciones no detuvieron esa bestia de enfermedad. Mi padre pasó por todos los cambios de humor previsibles: desaliento, lucha, filosófico, religioso y abatimiento total. Decir que él estaba muy disgustado con la muerte de mi madre sería una subestimación.

Era un sábado por la noche, y habíamos comido una cena simple (sólo nosotros dos). Yo había determinado ver una serie presentada por Leanord Nimoy (*Spock en Star Trek*), que todas las semanas trataba un tema interesante. Bien, esa semana su tema era sobre un platillo volante que había chocado en alguna parte del sudoeste de Estados Unidos, quizá Roswell, Nuevo Méjico.

Mostraron escenas de donde pasó, entrevistaron a los granjeros y otras personas que habían visto el suceso. También hablaron con los militares, quienes negaron la relación con un ovni, alegando que era un avión militar o alguna otra explicación absurda. Era bastante convincente para los incrédulos.

Mi padre había estado sentado a la mesa del comedor mirando el documental y asumí que estaba tan interesado como yo, si no más. Pensé que él no creería nada de aquello, pero después de la cena le noté mucho más relajado. Supongo que esas imágenes le ayudaron en su situación de desamparo.

Después, noté que se había marchado de su cuarto y ni siquiera estaba en casa. Estaba fuera pensando, en la oscuridad. Después que el programa hubo terminado, salí para unirme a él, pues no me sentía muy tranquilo al verle tan silencioso. Estaba muy meditativo y pensé que se encontraba de nuevo disgustado por la muerte de mi madre. Pero...

Empezó hablando sobre lo que habíamos visto. No recuerdo lo que dijo exactamente, pero básicamente me quedé sorprendido de que estuviera totalmente de acuerdo con la presencia de extraterrestres y me contó un relato personal.

Ese viaje a Alemania en 1966 no fue en realidad a Alemania, sino a algún lugar sin revelar en el sudoeste de Estados Unidos. Mi padre, junto con varios otros funcionarios del ejército, acudió en busca de unos humanoides que habían caído en su nave espacial. No eran rusos, ni chinos, ni americanos, ni de ningún otro país.

Los pusieron en un depósito de cadáveres helado, y la primera inspección reveló la presencia de restos de una raza de humanos desconocida, nunca catalogada por ninguna otra cultura o país. Mi padre me dijo que tenían la cabeza algo grande y vestían un material extraño. Tenían carne y huesos como nosotros. Allí estaban, era innegable, y los análisis mostraron una composición, en cierto modo, exótica, aunque sin nada especial o sobrenatural. Indudablemente, no eran de la Tierra.

Le hice nuevas preguntas a mi padre, y me dijo que algunas cosas eran aún secretas, pero que posiblemente más adelante me contaría más detalles. Le notaba disgustado, pero no por los humanoides sino por el hecho de que el Génesis en la Biblia parecía no encajar entonces con este descubrimiento. No éramos los únicos habitantes del universo y eso provocaría numerosas controversias mundiales. La idea de una raza de humanos en otro planeta, posiblemente en el sistema solar, ocasionaría una deserción de la creencia en la doctrina bíblica. Le dije que la Biblia se escribió principalmente para este planeta y que seguía vigente, pues en los textos sagrados no había ninguna frase que dijera que el Génesis «solamente pasó en la Tierra». Otros planetas tendrían su propia historia. Además, cuando yo leí el Génesis, siento que lo que dice sobre la creación, generalmente, puede aplicarse fácilmente a cualquier planeta y a todos los planetas en general.

En los días siguientes seguí haciéndole preguntas sobre los extraterrestres y le prometí guardar secreto sobre lo que me dijera. Pero no quería volver a hablar nada sobre el tema y me dijo que aquella noche estaba un poco bebido y que seguramente había dicho muchas tonterías. Ante mi insistencia me aseguró que era yo quien estaba alucinando y que la Biblia no estaba equivocada. Cuando se murió se fue con sus secretos a la tumba, aunque por sus pocas palabras deduzco que esos extraterrestres eran astronautas y científicos que viajaban por el sistema solar con la intención de estudiarlo. Después de todo, se podría ocasionar un caos mundial si supiéramos ciertamente que existe vida en otros planetas y que estamos siendo observados por otras especies.

Hoy día, muchos años después de aquellos acontecimientos, los habitantes de la Tierra seguimos con las mismas incógnitas y nos dividimos en dos grupos irreconciliables: los que creen firmemente que existe vida en otros mundos, lejanos o cercanos, y quienes creen que la raza humana es el primer eslabón en la creación. Pero al igual que tuvieron que pasar miles de años hasta que Cristóbal Colón demostró la existencia de nuevas tierras y personas, posiblemente necesitemos algunos cientos de años más para poder demostrar que no estamos solos en el universo.

ÍNDICE

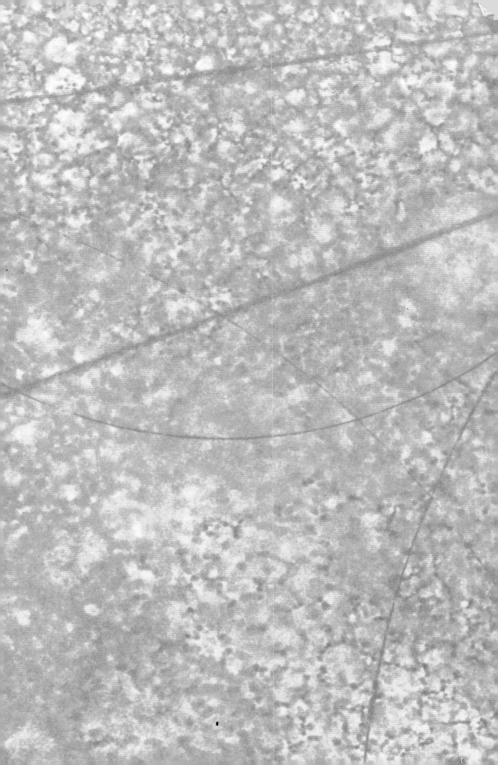